GUÍA DE LAS SUPERSTICIONES

Todo lo que Querías Saber Acerca de las
Supersticiones más Comúnes Alrededor del Mundo

ALMA MCGILL

© **Copyright 2021 – Alma McGill - Todos los derechos reservados.**

Este documento está orientado a proporcionar información exacta y confiable con respecto al tema tratado. La publicación se vende con la idea de que el editor no tiene la obligación de prestar servicios oficialmente autorizados o de otro modo calificados. Si es necesario un consejo legal o profesional, se debe consultar con un individuo practicado en la profesión.

- Tomado de una Declaración de Principios que fue aceptada y aprobada por unanimidad por un Comité del Colegio de Abogados de Estados Unidos y un Comité de Editores y Asociaciones.

De ninguna manera es legal reproducir, duplicar o transmitir cualquier parte de este documento en forma electrónica o impresa.

La grabación de esta publicación está estrictamente prohibida y no se permite el almacenamiento de este documento a menos que cuente con el permiso por escrito del editor. Todos los derechos reservados.

La información provista en este documento es considerada veraz y coherente, en el sentido de que cualquier responsabilidad, en términos de falta de atención o de otro tipo, por el uso o abuso de cualquier política, proceso o dirección contenida en el mismo, es responsabilidad absoluta y exclusiva del lector receptor. Bajo ninguna circunstancia se responsabilizará legalmente al editor por cualquier reparación, daño o pérdida monetaria como consecuencia de la información contenida en este documento, ya sea directa o indirectamente.

Los autores respectivos poseen todos los derechos de autor que no pertenecen al editor.

La información contenida en este documento se ofrece únicamente con fines informativos, y es universal como tal. La presentación de la información se realiza sin contrato y sin ningún tipo de garantía endosada.

El uso de marcas comerciales en este documento carece de consentimiento, y la publicación de la marca comercial no tiene ni el permiso ni el respaldo del propietario de la misma.

Todas las marcas comerciales dentro de este libro se usan solo para fines de aclaración y pertenecen a sus propietarios, quienes no están relacionados con este documento.

Índice

Introducción	vii
1. ÁFRICA	1
2. MEDIO ESTE	19
3. ASIA	49
4. CHINA	51
5. JAPÓN	59
6. INDIA	71
7. LAS AMÉRICAS	89
8. CANADÁ	91
9. ESTADOS UNIDOS	105
10. MÉXICO Y AMÉRICA CENTRAL	125
11. SUDAMÉRICA	133
12. EUROPA	141
13. AUSTRALIA Y OCEANÍA	157
Conclusión	163

Introducción

Increíblemente, ni siquiera la ciencia puede negar que hay cosas que están fuera del alcance de la razón. Los conocimientos que normalmente llamamos "espirituales", "irracionales" o, vamos, "supersticiones", tienen en realidad una carga histórica que varía de un contexto a otro. Los seres humanos, desde que poseemos la capacidad de imaginar, hemos intentado dar una explicación al mundo que nos rodea, y no me refiero nada más a lo que conocemos como naturaleza. Existen elucubraciones para ciertos eventos catastróficos y para situaciones cómicas o cotidianas. En una realidad en la que el sentido aún está por determinarse, las supersticiones son una pieza más del rompecabezas.

Y este juego de palabras no es un sinsentido. A lo largo y ancho de los continentes existen relatos, leyendas, personajes y rituales que son propios de un mosaico cultural que llega a nosotros después de atravesar generaciones enteras. Muchas de las creencias que se tenían en las primeras culturas mesoamericanas aún están presentes en nuestro día a día. No sólo eso: conservamos las nociones en torno a la muerte, la vida, el amor, el deseo, la guerra... Lo que en un inicio parece una invención de una civilización remota puede encontrar su reflejo en ti, en mí, en todos aquellos que hacemos y creemos cosas inexplicables.

El libro que tienes en tus manos es un intento de concentrar algunas de estas supersticiones, prácticamente infinitas. Las siguientes páginas son, entonces, un modesto intento de recorrer el mundo geográfico a través de sus imaginarios. Encontrarás, desde luego, algunos de los comportamientos más comunes al hablar del folclor, pero también te toparás con uno que otro recuento mitológico.

Los seres ultraterrenos constituyen uno de los pilares más significativos para el pensamiento que daría forma después a lo que conocemos como naciones: los reyes como una persona descendiente de las deidades o las sacerdotisas como proveedoras y protectoras son ideas muy antiguas que no están para nada lejanas a nuestros contextos.

No quiero decir con esto que continuemos viviendo en la prehistoria, cuando el relato oral era el principal medio para la transmisión de los conocimientos.

Introducción

Me interesa que quienes lean este libro puedan conocer pensamientos aparentemente remotos y conectarlos con los que le son más familiares. Encontraremos algunos vínculos, por ejemplo, entre las diosas y los dioses del antiguo Egipto y las creencias sobre algunos animales en la Europa occidental, o que el continente americano es mucho más diverso de lo que se cree, especialmente al hablar de las tribus aborígenes de los Estados Unidos o los poderosos habitantes mesoamericanos. El maravilloso mundo de las supersticiones nos permite trazar estos vínculos que hoy parecen perdidos en el tiempo.

También debemos considerar que el número de páginas es limitado. Aunque me encantaría verter todo lo que sé en este volumen, debemos limitarnos a algunos de los relatos más relevantes, o al menos a los más conocidos.

Existen muchas variaciones en torno a un mismo relato o una deidad en específico. Los matices son muy valiosos, pero, al menos en esta ocasión, intentaré ser breve y recuperar los aspectos más importantes de cada región del mundo.

Sin más por el momento, deseo que este libro te agrade y te invite a seguir recorriendo el vasto universo de lo inexplicable.

1

ÁFRICA

ÁFRICA ES TODAVÍA un mundo exótico y misterioso para gran parte de Occidente. Considerada generalmente como vasta y modesta, en cierto punto vacía o rupestre, lo cierto es que el continente más grande del mundo guarda muchos enigmas para la historia humana. África ha sido el lugar para reyes venerables, enriquecidos en tierras y dominio. Civilizaciones increíbles se alzaron y cayeron en este lugar mientras otros humanos en distintos lugares aún vivían en cuevas. La mitología africana parte de un pozo muy profundo de experiencias políticas y religiosas.

De hecho, ninguna otra región posee un imaginario tan completo y duradero como el de este increíble lugar.

. . .

El continente africano es la segunda extensión de tierra más grande en el mundo, abarcando unos 12 millones de millas cuadradas, es decir, un 20 por ciento de toda la superficie terrestre en el planeta). Es también el segundo continente más poblado, sólo después de Asia, alojando a más de 1.2 mil millones de personas, hablantes de alrededor de dos mil lenguas nativas diferentes.

Esta increíble variedad hace que enlistar las mitologías africanas sea particularmente difícil. Aunque dos grupos humanos tengan la misma mitología, los nombres de las deidades y otros detalles en las leyendas pueden variar bastante.

Asimismo, África es el único continente que se extiende por los cuatro hemisferios de la Tierra. La zona de la Gran Fisura Este, también llamado el Valle de la Gran Fisura, se extiende desde el Río Jordán hasta el Mar Muerto, el Mar Rojo y Kenia, hasta llegar a Mozambique. El área se conoce como la "cuna de la civilización", debido a la enorme cantidad de material arqueológico y desarrollo antropológico que tuvo lugar allí.

Si nos asomamos a la geografía, encontraremos diferencias notables entre los Estados africanos.

· · ·

Países de la parte norte del continente (incluida Argelia, Marruecos, Egipto, Libia y Túnez) suelen agruparse con países de Oriente Medio (como Irán, Irak, Siria y Arabia Saudita) formando así un complejo denominado África del Norte y Oriente Medio. Países fuera de este conglomerado, principalmente al sur del desierto del Sahara, incluidos Sudáfrica, Nigeria, Kenia y la República del Congo, así como numerosas naciones insulares cercanas a la costa africana, se consideran parte del África subsahariana.

Israel es un caso especial. Aunque está ubicada como tal en el Medio Oriente, su alineación política y económica lo acerca a los EE. UU. y Europa; por lo tanto, generalmente se deja fuera de las conversaciones sobre el área.

Monstruos de la mitología africana

Los que siguen son algunos de los monstruos más escalofriantes de distintas mitologías africanas.

*Adze – Ghana

Adze es un insecto que cambia de forma. Esta criatura ataca a los niños cuando se encuentra en su forma de libélula, drenando la sangre joven, llena de energía.

. . .

Si lo atrapan en el acto, la libélula cambia de forma, volviéndose un humano con el poder de poseer las almas de otros humanos. Los poseídos entran en un estado parecido al de un zombie, completamente bajo el control de Adze. Eventualmente, la persona poseída morirá.

*Agogwe – África del Este

Un Agogwe es un pequeño bípedo, de piel rojiza o amarillenta, con cabello anaranjado que vive en los bosques remotos de la región. Aunque no son técnicamente monstruos, los Agogwe son bastante misteriosos, y supuestamente han sido avistados, según el folklore del África Este.

Uno de los primeros avistamientos registrados por una persona no africana ocurrió en el siglo XIX, cuando un oficial del ejército británico, en una expedición de caza, se encontró con dos de las criaturas. Su guía dijo que fueron llamados Agogwe; posteriormente, el cazador intentó rastrear a estos seres. No tuvo éxito. Continuaron dándose más avistamientos, algunos de ellos en el área de Mozambique. Si bien se han formulado varias teorías sobre los Agogwe (se ha dicho incluso que son parte de una "tribu perdida" de pigmeos), parece más probable que sean un tipo de orangután (según su tamaño y colores) que puede haberse extinguido para estos días.

· · ·

*Biloko – Zaire

Los Biloko son espíritus enanos y tortuosos que viven en la selva. Estas entidades ancestrales envidian a los vivos. Suelen habitar en árboles huecos para proteger celosamente a las criaturas del bosque de todos aquellos cazadores, que consideran intrusos.

En cuanto a su aspecto, los Biloko son criaturas calvas con garras afiladas y dientes rechinantes. Su mandíbula puede abrirse lo suficiente como para tragar a un ser humano entero.

También tienen el poder de hipnotizar a sus presas antes de devorarlas.

*Grootslang – África del Sur

La historia de Grootslang tiene su origen en la cueva de Richtersveld, en Sudáfrica. El nombre Grootslang proviene del afrikaans (la lengua materna de Sudáfrica) y significa "gran serpiente". Las historias de este monstruo se remontan a siglos pasados, describiendo una criatura con el cuerpo de una serpiente y la cabeza de un elefante.

Su piel es de color verde grisáceo y, como es de suponerse, escamosa. Sus ojos son una combinación de los de un elefante y una serpiente. También posee orejas de paquidermo y una extraña capucha con forma de cobra.

Estas bestias poseen la osamenta del elefante y la ponzoña de la cobra. Al igual que Mamlambo, monstruos que revisaremos en un momento más, los Grootslang se han representado pictóricamente en cuevas de la región.

La leyenda dice que el Grootslang fue el resultado de un "error" de los dioses primigenios: cuando éstos se dieron cuenta de que el monstruo que habían creado era demasiado feroz para vivir en el mundo, dividieron a la criatura en dos especies de elefantes y serpientes. Sin embargo, el monstruo original no pudo ser asesinado y escapó, convirtiéndose en la fuente de todos los Grootslang que nacieron más tarde.

Estas abominaciones viven en manadas; las madres y los bebés permanecen juntos durante años, mientras que los machos solitarios se alejan para establecer sus propios rebaños. Los Grootslang viven en una cueva sin fondo; literalmente, nadie sabe dónde está.

El sistema de cuevas aún no se ha cartografiado por completo. Algunas leyendas cuentan que la cueva está llena de diamantes, protegidos celosamente por estos entes.

. . .

Si usted se viera acorralado por un Grootslang, es posible que pueda negociar por su vida si lleva consigo una cantidad suficiente de gemas que la criatura considere aceptable para negociar.

Cabe decir que los Grootslang son omnívoros (como los humanos) y parecen no tener ninguna mala voluntad, más allá de su sed por las piedras preciosas.

*Inkanyamba – Sudáfrica

Los Inkanyamba son enormes serpientes de agua que tienen una aleta dorsal a lo largo de sus espinas, y la cabeza de un caballo. También pueden poseer cuernos y alas. Suelen medir unos 7.6 metros de largo, pero pueden crecer mucho más. Su alimento preferido son las cabras y el ganado, pero también comerán humanos si tienen la oportunidad, si se les provoca o están lo suficientemente hambrientos. Los Inkanyamba son capaces de volar y migrar estacionalmente para encontrar pareja. Al volar, pueden afectar el clima y causar grandes tormentas eléctricas, tornados y granizo. Las criaturas, aparentemente, no son muy inteligentes y son dadas a esconderse detrás de cascadas. Pueden llegar a confundir el techo azul de la casa de alguien con un cuerpo de agua, y luego sumergirse directamente en ella. Algunos ghaneses pintarán sus techos de un color oscuro para evitar que esto ocurra.

. . .

*Mamlambo – Sudáfrica

Se cree que Mamlambo, un monstruo aterrador, vive en el río Mzintlava, y que mata a sus víctimas arrastrándose al agua y devorando sus caras hasta llegar a sus cerebros.

Apodado el "chupa-cerebros", el monstruo mide unos 18 metros de largo. Su torso es el de un cocodrilo; posee un largo cuello serpentino y una cabeza de caballo.

Se dice que se comporta como una serpiente y brilla con una misteriosa luminiscencia verde por la noche. Tiene ojos verdes hipnóticos que pueden manipular a cualquiera que se atreva a hacer contacto visual con él. La criatura ha sido representada en pinturas rupestres de la región que se remontan a miles de años atrás. Una criatura muy similar a Mamlmbo es conocida como Ninki Nanka, oriunda de Gambia. Los Mamlambo fueron identificados en 1990 como la razón de varias muertes en el Río Mzintlava, aunque las autoridades no estaban convencidas de que la criatura fuera responsable de estos sucesos.

*Naga – África del Norte

Naga es un término genérico utilizado por los pueblos del norte de África, Asia y Polinesia para describir gigantescas serpientes marinas que típicamente se parecen a estos reptiles rastreros, específicamente a las cobras.

Naga es una palabra sánscrita que significa "serpiente" o "cobra". Los naga (tanto en singular como en plural) con frecuencia son en parte animales y en parte humanos. Generalmente tienen una cabeza y un torso humanos, combinados con el cuerpo de una serpiente.

Estas criaturas son mágicas y diabólicamente agresivas.

Harán todo lo posible para aterrorizar y devorar a los marineros que se les acerquen. Los naga son particularmente reconocibles en las mitologías hindú y budista.

*Nyami Nyami – Zambia

El Nyami Nyami es un poderoso dios con forma de dragón proveniente del río Zambezi, el cuarto sistema fluvial más grande de África. Aunque este dios es antiguo, la historia más reciente que incluye su nombre es de mediados del siglo XX, ubicada en el edificio de la presa de Kariba. El pueblo Batonga, que fue desplazado por el edificio de la presa en 1956, creía que Nyami Nyami evitaría que fuera construido, lo que les permitiría regresar a su tierra ancestral.

A sólo un año del inicio de su construcción, ocurrió una inundación catastrófica, matando a varios trabajadores y destruyendo lo que hasta entonces se había construido de la presa. Los deudos tuvieron que esperar varios días para recuperar los cuerpos, hasta que los ancianos de Batongan les dijeron que Nyami Nyami solo liberaría los cuerpos después de que se le hubiera hecho un sacrificio.

Un ternero fue sacrificado en su nombre y dejado en la orilla del río.

Al día siguiente, los cuerpos de los trabajadores fueron encontrados en el mismo lugar en el que se ofreció el cuerpo del ternero, que ya había desaparecido.

Dioses y diosas del África

Algunas de las deidades más poderosas del continente africano son las siguientes.

*Anansi – Ghana

Anansi es el más conocido de todos los dioses africanos. Por lo general, se le representa como una araña; es considerado el principal dios embaucador de África Occidental y el Caribe.

. . .

Hay cientos de historias sobre los hechos (y fechorías) de Anansi en sus intentos de engañar a la humanidad para seguir sus propósitos perversos.

Por esta razón es que a Anansi se le atribuyen los dones de la persuasión, la astucia, el encanto y la inteligencia.

También personifica la codicia y el materialismo.

Algunas fuentes dicen que las historias de Anansi se han conservado hasta hoy porque fueron consideradas como un medio de comportamiento subversivo y resistencia entre los esclavizados Ashanti y otros pueblos africanos en el Nuevo Mundo.

Aunque los cuentos dicen que Anansi falló en repetidas ocasiones, también se sabe que continuó confabulando y esforzándose por cumplir con sus luchas, dando esperanza a los esclavos en su misión continua para ser libres.

Una historia típica de Anansi trata sobre cómo trajo historias al mundo negociando con el dios creador Nyame, y aparentemente realizando tareas imposibles a través de sus dones de encanto y habilidad para hablar.

Por lo tanto, Anansi se convirtió en el dios de las historias.

En otra fábula, Anansi accidentalmente difunde sabiduría por todo el mundo cuando deja caer la olla en la que recogió toda la sabiduría en un río, que fluye hacia el mar y se extiende alrededor del mundo. Es por esta razón, se dice, que todo el mundo tiene un poco de sabiduría.

*Huveane – Sudáfrica

Algunas historias tienen a Huveane como el primer hombre, mientras que otras lo retratan como un dios embaucador tortuoso. Como creador del mundo, se dice que Huveane estaba admirando su obra en paz y tranquilidad, hasta que los humanos descubrieron "las flores y las abejas", por así decirlo. Una cadena de sucesos a partir de este descubrimiento terminó por expulsar a Huveane de la tierra; ascendió a los cielos caminando por su propio pie a través del aire. Huveane protegió su paso borrando el camino detrás de él mientras subía a las estrellas, por lo que ningún humano podría seguirlo nunca.

*Kaang – Sur del continente africano

Los bosquimanos (también Khoi o San) son nómadas históricos del sur del continente, aunque la mayoría de ellos se han convertido en agricultores en los tiempos modernos.

En la leyenda, Kaang es el creador / destructor de la tierra y todos los seres vivos. Se dice que la esposa de Kaang dio a luz al primer eland (un antílope africano), que fue cuidadosamente alimentado por el dios hasta que sus hijos, accidentalmente, mataran al animal. Kaang ordenó que la sangre del eland fuera hervida; el residuo resultante se esparció por las llanuras. A partir de este rocío brotaron más eland, así como otras criaturas de la tierra que los Khoi creen que fueron creados para ser cazados y comidos, asegurando su supervivencia.

Leyendas vivientes de África

*Modjadji – Sudáfrica / Zimbabwe

La dinastía Modjadji (la forma en que es escrita varía) tiene una larga y complicada historia, pero comenzó oficialmente con la coronación de la primera Reina de la Lluvia Modjadji, Maselekwane Modjadji I, en el año 1800. Las Reinas de la Lluvia son todas descendientes de esta línea real. El título es hereditario, transmitido de madre a hija designada. La Reina de la Lluvia tiene el poder mágico de crear diluvios, e históricamente ha sido consultada por líderes tribales que incluyen a la del rey Shaka Zulú y el ex presidente sudafricano Nelson Mandela.

La Reina de la Lluvia más joven jamás coronada fue Makobo Caroline Modjadji VI en 2003, a la temprana edad de veinticinco años. Murió misteriosamente dos años después, dejando a una hija de cinco meses para heredar el título. La reina Makobo era considerada una persona rebelde y "problemática" que alardeó de la tradición y se negó a inclinarse ante el consejo de ancianos.

Nigeria

Nigeria es el país más densamente poblado de África, siendo Etiopía el segundo.

Nigeria sitúa a todos sus residentes (equivalente a unos dos tercios de la población de todo Estados Unidos) en un espacio apenas un 30 por ciento más grande que el estado de Texas. Esta densidad poblacional significa que hay una gran cantidad de contacto personal entre los habitantes, una situación que podría causar una vida estresante. Las poblaciones densas suelen tener mucho cuidado para garantizar que se respeten los límites y se sigan las convenciones sociales.

Conseguir esto implica desarrollar una gran cantidad de prácticas ritualizadas, incluyendo supersticiones. ¿Qué son las supersticiones, después de todo, sino prácticas ritualizadas ligadas a cuentos de advertencia?

Estas narraciones dan motivos lógicos para que las personas se ajusten a los rituales.

Se dice que los nigerianos son algunas de las personas más supersticiosas de África. Estas son algunas de sus creencias.

- Si tropieza o cae tras tropezarse con una piedra con la pierna izquierda, debe regresar de su viaje y regresar a casa. De lo contrario, estará invitando a la peor de las suertes, incluida la posible pérdida de la extremidad o incluso la muerte en el viaje.
- Si alguien le pisa, esa persona debe retroceder de la misma manera en que lo pisó o usted dejará de crecer, o puede ser también que pierda la parte del cuerpo que le fue pisada.
- Si golpea a un hombre con una escoba, éste se volverá impotente a menos que tome la escoba y devuelva siete golpes con ella.
- No silbe ni saque agua de un pozo por la noche. Se cree que el silbido nocturno puede atraer serpientes hacia usted, mientras que buscar agua del pozo en la oscuridad podría provocar la aparición de un espíritu maligno y violento. Estas supersticiones particulares pueden tener su origen como "precauciones de seguridad", es decir, como disuasión a las

personas que podrían caer dentro del pozo. Por otra parte, los peligros que acechaban en la oscuridad fuera de la casa eran muy reales y todavía están en algunas partes de África. De manera similar, comer en la oscuridad puede invitar a los espíritus malignos a unirse a la cena, lo que en última instancia le conducirá a la muerte.

- No mate a un gecko. Se cree que el gecko de la pared común devora a los espíritus malignos que intentan entrar a la casa (y también comen muchos tipos de insectos indeseables). Estas criaturas son inofensivas para los humanos, pero matarlas puede hacer que su casa colapse. Aquí un dato curioso: los geckos no tienen párpados, así que se lamen sus globos oculares para mantenerlos húmedos y libres de suciedad.
- Escuchar el ulular de un búho significa que un integrante de la casa morirá pronto. Esta superstición en particular es muy común entre muchas culturas del mundo, no sólo entre las africanas. Es posible que la creencia se haya extendido a través del comercio mundial de esclavos, cuantioso durante los siglos XVII al XIX.
- Los gatos negros son considerados malvados. Nuevamente, la prohibición contra estos felinos se extiende por el mundo; por lo

general, se cree que están asociados con la brujería o con espíritus demoníacos.
- No beba agua directamente de un coco o se convertirá de inmediato en un "olodo" (un imbécil).
- La picazón en las palmas de las manos significa que la buena suerte está por llegar. Esta creencia también se relaciona con que pronto se recibirá dinero. Por lo tanto, rascarse las palmas de las manos llegó a significar "págame" y el término "rascar" se convirtió en un término de la jerga para el dinero.
- Si escupe en el suelo y alguien más lo pisa, usted tendrá dolor de garganta eventualmente.
- Si se inclina y mira a través de sus piernas mientras está de pie, es posible que vea brujas.
- Las mujeres embarazadas no pueden caminar a la luz del sol porque el espíritu maligno del día puede entrar en su feto. Ya hemos leído que permanecer en la oscuridad puede traer infortunios. Así, las mujeres embarazadas, aparentemente, tienen que permanecer adentro todo el tiempo.
- Un rey no puede ver un cadáver, ni siquiera el de un pariente. Los espíritus de los muertos pueden apoderarse del cuerpo de un rey y usar su posición para causar estragos en sus designios.
- Si coloca sus pestañas en los zapatos de sus

padres, ellos olvidarán cualquier ofensa que hayan cometido.
- Si el sol brilla mientras esté lloviendo, significa que una leona está pariendo. Si llueve cuando brilla el sol, significa que un mono contraerá nupcias.
- Corte la cabeza de un lagarto y entiérrela. Tres días después, búsquelo y encontrará un alijo de dinero. Ya hemos dicho que no debe matar geckos, así que debe estar seguro de la especie antes de empezar a decapitar lagartos.
- Si alguien le muerde, frote estiércol de pollo en la marca de la mordedura. De esta manera, se pudrirán los dientes de quien le haya mordido.
- No coma alimentos que se hayan caído al suelo; Satanás ya los habrá devorado para entonces.
- Las mujeres embarazadas no deben visitar un zoológico para que sus hijos no se vean como monos (o algún otro animal).
- Si un pájaro defeca en su cabeza, tenga por seguro que el dinero viene en camino.

2

MEDIO ESTE

En los tiempos modernos, el nombre de esta región puede evocar nociones de campos petrolíferos, riquezas fabulosas y disturbios políticos. Si retrocedemos cien años en el tiempo, veremos que la atención se centra en asombrosos (aunque controvertidos) descubrimientos de tumbas ocultas, ciudades perdidas y civilizaciones cuyos logros asombraron al mundo.

Probablemente, entre ellas, la primera que nos viene a la mente es Egipto. Antiguo cuando las grandes dinastías de Asia eran aún jóvenes, Egipto controlaba vastos territorios en el continente africano. Eran planificadores, constructores y artesanos. Dejaron tras de sí enormes y misteriosas construcciones, estatuas e ídolos de dioses y reyes hasta ahora desconocidos.

. . .

La mayor parte de lo que sabemos sobre esos antiguos pueblos sólo ha sido descifrada en el último siglo, milenios después de que esa civilización se extinguiera. Los países del actual Irán, Irak, Israel y otros tienen sus propias historias y relatos que contar, que veremos a continuación.

Sin entrar en una discusión sobre la política que implica el uso de la designación "Oriente Medio", el término considerado por gran parte del mundo se refiere a un conjunto de países que comparten una ubicación geográfica común y, a veces, una mitología y un patrimonio.

Los países de Oriente Medio son: Egipto, Líbano, Palestina, Siria y Jordania (países que antiguamente se denominaban "el Levante"), además de Irak, Irán, Afganistán y la Península Arábiga. Como ya se ha dicho, la total falta de coincidencia entre los pueblos de Oriente Medio y la nación de Israel -con sus fuertes vínculos políticos y económicos con Occidente- hace que este último quede fuera de la lista de países que se consideran como parte de Oriente Medio. Aunque está mucho más al este geográficamente, la política de Pakistán permite incluir a este país en el concepto de Oriente Medio.

. . .

El primer relato mitológico conocido (y considerado la obra literaria más antigua que se conserva) es la Epopeya de Gilgamesh, escrita por los antiguos sumerios hacia el 2100 a.C., y que se conserva en forma de tablillas cuneiformes. La historia tiene la forma de un poema épico y cuenta las heroicidades y fracasos del gran rey sumerio Gilgamesh (Bilgamesh en Sumerio), del que se dice que era dos tercios dios y un tercio humano.

Gilgamesh era el rey de la ciudad-estado de Uruk, en Sumeria. La versión abreviada de su historia cuenta que Gilgamesh emprendió un largo viaje después de desafiar a los dioses y sufrir la muerte de su mejor amigo. La epopeya inspiró las obras del poeta griego Homero, que la utilizó como modelo para su Odisea y a Gilgamesh como inspiración para el personaje de Odiseo. Una de las partes más interesantes de la epopeya original son los detalles relativos al Diluvio. Casi todas las culturas antiguas (y muchas modernas) tienen una historia del diluvio, que típicamente presenta a la humanidad enojando de alguna manera a los dioses, o al dios, y sufre el castigo de ser borrada de la tierra por las aguas que la divinidad manda.

Algunos científicos teorizan que esta mitología común surge de la experiencia mundial del deshielo de los glaciares al final de la última Edad de Hielo.

Esta idea condujo a la controvertida teoría de la "memoria de la raza", en la que la experiencia traumática de las inundaciones se transmitió genéticamente de una generación a la siguiente durante milenios.

Otra importante contribución a la literatura del antiguo Oriente Medio fue hecha por una mujer, concretamente una llamada Enheduanna, a la que se considera como la autora más antigua conocida hasta ahora. Mientras que la Epopeya de Gilgamesh fue escrita en el anonimato, a Enheduanna se le atribuyen varias obras de poesía épica.

Vivió hacia el 2200 a.C. en el reino de Sumeria, donde era una gran sacerdotisa. Era la hija del rey acadio Sargón el Grande (hijo de una sacerdotisa) y de la reina Tashlultum. Bajo Sargón, Akkad conquistaría y absorbería un gran número de ciudades-estado sumerias, incluyendo la Uruk de Gilgamesh (conocida en la época de Sargón como Ur).

Egipto

Tal vez ninguna civilización ejemplifique mejor la amplia gama de inusuales y curiosas mitologías más que Egipto.

. . .

Aunque el Egipto moderno es mayoritariamente musulmán, el enorme panteón de dioses y diosas de la antigua civilización egipcia -casi todos los cuales combinan rasgos animales y humanos (una convención conocida como teriántropo)- demuestra una rica y versátil gama de deidades para todas las ocasiones.

Diosas y dioses egipcios

El siguiente es un listado de los dioses y las diosas más populares en la mitología egipcia.

*Anat

Anat era la diosa de la guerra y consorte de Seth. Fue "importada" de la mitología cananea, donde era conocida como Anath.

*Anubis

Sin duda, es el dios egipcio más conocido por la civilización occidental. Anubis era el dios -con cabeza de chacal- de los muertos. Su función era guiar a los difuntos al inframundo, donde sus almas (que residían en sus corazones) serían medidas por Osiris, rey del inframundo.

*Bast/Bastet

Bast es una diosa protectora que suele ser representada como un gato con pendientes, o como una mujer con cabeza de gato. Cuando la civilización griega entró en contacto con los egipcios, los primeros adaptaron algunas de las deidades egipcias a su panteón; Bast pasó a ser conocida por los griegos como Ailuros, de donde procede la palabra origen de la palabra "ailurophile", que significa "amante de los gatos".

*Bes

Este dios suele ser representado como un enano que saca la lengua (y que mira de frente en lugar de a un lado, como la mayoría de las deidades egipcias). Se dice que Bes confería protección en el parto y mejoraba la fertilidad. También protegía contra las serpientes (lo que parece curioso ya que la cobra es uno de los símbolos de la realeza en el antiguo Egipto).

*Hathor

Hathor, una diosa muy importante, es la protectora de las mujeres en el parto y encarnación de la Vía Láctea en la Tierra. Hathor es frecuentemente representada como un hipopótamo, o a veces como una vaca. Era la esposa del dios del sol Ra, y madre del dios faraónico Horus.

*Horus/Heru/Hor

Quizá el dios más venerado en el antiguo Egipto,

Horus era el protector de los faraones y un modelo a seguir para los jóvenes varones, así como rey de la región negra (tierra rica) de Egipto. Horus siempre se representa como un hombre con cabeza de halcón, un ave sagrada para los faraones. Horus tenía un número de diferentes aspectos, incluyendo Horus el Vengador, Horus Señor de las Dos tierras, y Horus Behudety.

Horus es el hijo de Osiris e Isis, formando la tríada de la familia sagrada. Su nombre significa "el que está arriba" y "el que está lejos". El halcón ha sido adorado desde los primeros tiempos como una deidad cósmica cuyo cuerpo representa los cielos y cuyos ojos representan el sol y la luna. Horus se representa como un halcón que lleva una corona con una cobra o la Doble Corona de Egipto.

La cobra encapuchada (uraeus), que los dioses y faraones llevaban en la frente, simboliza la luz y la realeza. Está ahí para proteger a la persona de cualquier daño.

Cuando Horus era un bebé, su padre fue asesinado por Seth, el hermano de Osiris. Para evitar que su hijo sufriera daños, Isis escondió a Horus en los pantanos del Nilo, donde lo protegió de las serpientes venenosas, los escorpiones, los cocodrilos y los animales salvajes.

· · ·

Cuando Horus creció, aprendió a protegerse del peligro y se hizo lo suficientemente fuerte como para luchar contra Seth y reclamar su legítima herencia, el trono de Egipto.

Por ello, Horus se asocia con el título de rey, la personificación del poder divino y regio. Los reyes se creían descendientes de Horus, considerado el primer rey divino de Egipto.

*Isis

Isis, la mayor diosa del panteón egipcio, era la hermana/esposa de Osiris e hija de Geb y Nut. Isis tenía influencia sobre muchos aspectos de la vida egipcia, como la cerveza, el viento, la abundancia, los cielos y la magia.

A ella se le atribuye haber resucitado a Osiris y haber dado a luz a Horus, el protector de los faraones. Isis es representada típicamente como una hermosa mujer con un tocado de discos solares.

*Neith/Neit/Net/Nit

Neith, una de las diosas egipcias más antiguas, es anterior al periodo de las grandes dinastías de Egipto (antes del 5000 a.C.).

. . .

Generalmente representada como tejedora de telas (especialmente las vendas utilizadas para envolver las momias), Neith se asoció con la diosa Atenea de los griegos. A veces se la muestra con la Corona Roja del Bajo Egipto. Neith es uno de los pocos dioses que no se asocia con un animal.

*Osiris

Osiris era el rey del inframundo y padre de Horus. Suele ser representado como faraón con una corona y cuernos de carnero, portando un báculo y un mayal (los cetros de los faraones), y con la mitad inferior de su cuerpo envuelto en las vendas de una momia. A menudo, su piel es representada con el color verde.

Osiris, también llamado Usir, es uno de los dioses más importantes del antiguo Egipto. El origen de Osiris es oscuro; era un dios local de Busiris, en el Bajo Egipto, y puede haber sido una personificación de la fertilidad ctónica (del inframundo). Sin embargo, hacia el año 2400 a.C., Osiris desempeñaba claramente un doble papel: era a la vez un dios de la fertilidad y la encarnación del rey muerto y resucitado. Este doble papel se combinaba a su vez con el concepto egipcio de realeza divina: el rey, al morir, se convertía en Osiris, dios del inframundo; y el hijo del rey muerto, el rey vivo, se identificaba con Horus, un dios del cielo. Osiris y Horus eran, pues, padre e hijo.

La diosa Isis era la madre del rey y por lo tanto era la madre de Horus y consorte de Osiris. El dios Seth era considerado el asesino de Osiris y adversario de Horus.

Según la versión del mito recogida por el autor griego Plutarco, Osiris fue asesinado o ahogado por Seth, quien rompió el cadáver en 14 pedazos y los arrojó por todo Egipto. Finalmente, Isis y su hermana Neftis encontraron y enterraron todos los trozos, excepto el falo, dando así nueva vida a Osiris, que a partir de entonces permaneció en el inframundo como gobernante y juez. Su hijo Horus luchó con éxito contra Seth, vengando a Osiris y convirtiéndose en el nuevo rey de Egipto.

*Ra/Re

Ra era el dios del sol y el dios de todo. Fue el mentor de Horus, y se le suele representar como un hombre con un disco solar en la cabeza, o a veces como un hombre con cabeza de halcón (lo que puede hacer que se le confunda con Horus).

Era el patrón del sol, el cielo, la realeza, el poder y la luz. No sólo era la deidad que gobernaba las acciones del sol; también podía ser el propio sol físico, así como el día.

. . .

Aunque poseía muchas formas literales, Ra también se expresaba de forma diferente cuando se combinaba con otras deidades. Cuando se asociaba con Amón, una de las grandes deidades creadoras incognoscibles, se convertía en Amón-Ra y representaba el poder crudo y universal del sol.

Combinado con Horus se convertía en Ra-Horakhty o "Ra-Horus en el horizonte". Horus representaba a Ra en forma humana como faraón en Egipto. Ra también podía tomar la apariencia de su hija feroz, Sekhmet, o de su hija amorosa, Hathor. Movía el sol por el cielo como el escarabajo Khepri y lo traía de vuelta a través del inframundo en una barcaza mítica.

Los egipcios eran una sociedad agrícola que vivía en un desierto, por lo que no es de extrañar que el sol -y por tanto Ra- fuera un componente integral de su cosmos, que guiaba sus pensamientos y acciones.

*Seth/Set/Seti
Set era el dios del caos y hermano/asesino de Osiris.

Set era el rey de la región roja (desierto) de Egipto y el agente de las feroces tormentas.

Suele ser representado como varios animales compuestos -especialmente como un hombre con la cabeza de una criatura desconocida (tal vez ahora extinta) que se llama el "animal de Set" o la "bestia tifónica". Se parece a un oso hormiguero con orejas de burro.

Monstruos míticos de Egipto

Además de los dioses, Egipto tenía una serie de monstruos a los que enfrentarse, muchos de ellos con la intención de comer a los incautos y desprotegidos.

*Ammit, el devorador de los muertos

Esta criatura (como muchas de la mitología egipcia) era una quimera, una mezcla de partes de diferentes animales. Se dice que Ammit tenía cabeza de cocodrilo, el cuerpo delantero de un león y la anatomía trasera de un hipopótamo. El trabajo de Ammit era comer el corazón de aquellos juzgados indignos por Osiris, arrojando así el alma de los desafortunados al fuego del limbo.

*Apep, enemigo de la luz

Representado como una serpiente gigantesca, se decía que Apep luchaba contra Ra cada mañana por el control del día que se avecinaba. El sol naciente era la señal de que Ra había derrotado a la serpiente una vez más.

. . .

*Bennu, el dios ave

Considerado por algunos estudiosos como el origen de la leyenda del Fénix, Bennu era un familiar de Ra y el espíritu que daba vida a toda la creación. A menudo representado como un ave zancuda, como una grulla, Bennu también estaba asociado con el renacimiento y la renovación.

*Grifo

Aunque sus orígenes exactos se han perdido, el Grifo se menciona por igual en los antiguos textos persas y egipcios. El Grifo es una quimera con la cabeza, las alas y las garras delanteras de un águila, y el cuerpo de un león. Esta criatura simboliza la realeza, la guerra y la custodia (sobre todo de los tesoros).

*Ma'at

No es estrictamente un monstruo ni una diosa. Ma'at era la hija del dios del sol Ra, y representaba todo lo que era correcto, bueno, armonioso, veraz y justo. Ma'at no era sólo una diosa, sino también un concepto similar a "La Fuerza" en las películas de Star Wars™. Ma'at era la armonía y el orden natural del universo que lo unía todo; eran los ciclos infinitos de inundación del Nilo, la continuación del poder faraónico y el opuesto cósmico de Isfet (caos). Era el deber del faraón mantener el Ma'at para su pueblo y su reino.

Ma'at solía representarse como una pluma de avestruz, o como una mujer con una pluma en el pelo. Era una de sus plumas la que pesaba contra el corazón del recién fallecido en el inframundo. Si el corazón pesaba más que la pluma, se consideraba indigno y se daba de comer a Ammit, mientras que el alma del del desafortunado difunto era arrojada al pozo de fuego.

*Serpopard

Esta quimera estaba compuesta por la cabeza y el cuello de una serpiente y el cuerpo de un leopardo. El significado de esta criatura se ha perdido en la historia, pero su imagen aparece en el arte egipcio y mesopotámico que data del 5000 a.C. Algunos estudiosos creen que es un símbolo del caos y la incertidumbre, mientras que otros creen que podría estar relacionado con la unión masculina y la virilidad.

*Uraeus, la gran cobra de los faraones

La imagen de la cobra que cría Uraeus tiene su origen en las profundidades de la antigua historia egipcia. La cobra estaba asociada a la antigua diosa Wadjet, que gobernaba el Bajo Egipto y representaba la fertilidad del Delta del Nilo. Más o menos en la misma época de la historia, la diosa de la fertilidad del Alto Egipto era conocida como Nehkbet, y su símbolo era el buitre blanco.

. . .

Alrededor del año 3000, los reinos del Alto y el Bajo Egipto se unificaron en un solo país y, en un gesto de reconciliación, la cobra y el buitre fueron representados en la nueva "corona doble" del faraón. El nombre egipcio para la doble corona era el "pschent".

Diosas y dioses del Medio Este

Una nota sobre los dioses y diosas de Oriente Medio: Oriente Medio históricamente fue (y sigue siendo) una fusión de diversas prácticas culturales. No es raro encontrar que una deidad concreta fuera popular en muchos diferentes países en distintos momentos de la historia. Los nombres a menudo se cambian o tienen variaciones en la ortografía, y a veces los atributos de las deidades fluctúan. En aras de la simplificación, la mayoría de los dioses y diosas la mayoría de los dioses y diosas se enumeran en una sola lista, con sus diversos nombres y atributos mencionados. También hay que tener en cuenta que las deidades que aparecen aquí son (en su mayoría) de influencias preislámicas y precristianas. Las raíces de la religión judía se encuentran entre estos dioses.

*Ahriman/Akuman/Ako-Mainyu/Angra Mainyu/Anra Mainiiu – zoroastrismo

Ahriman era el portador de todo el mal, némesis de Ahura Mazda, el diablo.

. . .

Un demonio supremo oscuro y apestoso, fue la inspiración para el Satán. Se le opondrá en la batalla final al final de los tiempos a Ahura Mazda.

*Ahura Mazda/Ahuramazda/Ormazd/Ormizd/Mazda/Oromasdes – zoroastrismo

Ahura Mazda era el creador supremo del universo, dios de la luz y la verdad, fuente de todo lo bueno. El dios sería conocido como Mitra por las legiones romanas que apoyaban celosamente su culto en la Bretaña romana.

El zoroastrismo es una antigua religión anterior al judaísmo y al cristianismo, que floreció en y alrededor de la antigua Persia (el actual Irán). Fue fundada por Zoroastro (también llamado Zaratustra) y sobrevive hasta nuestros días, a pesar de la pérdida de casi todas sus escrituras sagradas en el incendio de la Biblioteca de Alejandría. Su concepto de un dios único y la eterna lucha entre los agentes del bien y del mal influyó profundamente en el desarrollo posterior del judaísmo y el cristianismo. Ahura Mazda estaba asistido por los Amesha Spenta -espíritus del bien-, que eran mitad dios y mitad ángel y eran los intermediarios entre Ahura Mazda y la humanidad.

Eran siete, y cada uno tenía una función asignada: Ameretat (inmortalidad), Spenta-Armait (devoción),

Asha-Vanishta (verdad), Haurvatat (Entereza), Khshathra-Vairya (sociedad perfecta), Sraosha (obediencia) y Vohu-Manah (rectitud de pensamiento).

*Anahit - Armenia

Diosa de la fertilidad, la sabiduría, la curación y el agua, Anahit comenzó como una diosa de la guerra, similar a Anahita (Persia), y era considerada la benefactora de la humanidad.

*Anath/Astarte/Ashtoreth - Canaán/Fenicia

Diosa de la fertilidad y la sexualidad, así como de la guerra, y hermana/esposa de Baal, Anath era representada frecuentemente como una vaca (lo que enlaza con la antigua práctica en la Biblia cristiana de la adoración del toro, y tal vez el desarrollo de la creencia hindú de que las vacas son sagradas). Se avergonzó a sí misma al fracasar en su búsqueda de un arco especial, que resultó sostener el cielo. Cuando el cielo se derrumbó sobre la tierra, se vio obligada a pedir ayuda a El (el dios creador, que puede o no haber sido el progenitor del dios hebreo Yahvé) Tal vez su humillación fue demasiada, ya que parece haber emigrado a Egipto para convertirse en la diosa Anat. Los babilonios la conocían como Ishtar, aunque también se cree que Ishtar está asociada a la diosa de la luna Sin/Nanna.

. . .

*Aramazd - Armenia

Aramazd era el dios supremo y creador, patrón de la lluvia, la fertilidad y la abundancia. También era padre de varios dioses, entre ellos Anahit (diosa de la fertilidad y de la guerra), Mihr (dios del sol y de la luz del cielo) y Nane (diosa madre y diosa de la guerra y la sabiduría). Aramazd figuraba a veces como esposo de Anahit. Aramazd era la versión armenia del dios persa antiguo Ahura Mazda.

*Arinna/Ariniddu - Hititas

Arinna era la diosa del sol. Arinna ofrecía protección contra la guerra y desastres, asegurando la felicidad y la buena vida mientras el sol brillaba. Su consorte era un misterioso (aunque terriblemente poderoso) dios de la tormenta, cuyo nombre se ha perdido en la historia. Algunos estudiosos creen que este dios de la tormenta fue absorbido por el dios Teshub.

*Ashur - Asyria

Ashur era el dios de la guerra, con cuerpo de león y cabeza y (cuatro) alas de águila. A veces se le atribuye haber bajado en picado desde los cielos y "absorber" a Marduk de Babilonia, haciéndose cargo de las competencias de este dios.

. . .

*Baal/Ba'al/Baal-Hadad - Canaán/Fenicia

Baal era el dios de la guerra de las tormentas, también conocido como el "Monstruo de las Nubes". Baal tuvo humildes comienzos como el dios de la tormenta Hadad/Rimmon –también conocido como "el que rompe", que creaba los truenos dando tumbos por los cielos. Los babilonios lo conocían como Adad. Baal superó sus vergonzosos comienzos para convertirse en el poderoso dios de la guerra (y también de los hechos heroicos, lo que demuestra la fiebre de los cananeos por la batalla). Su consorte era Anath.

*Beelzebub/Baal-Zebub/Baal-Zebul/Beelzebul/Ba'al Zevûv - Filisteo

Este ser era, en realidad, un demonio, creado por los primeros líderes judíos, que denigró al muy popular dios Baal manchando su nombre y llamándolo el "Señor de las Moscas". Esta táctica tuvo mucho éxito, ya que los filisteos despreciaban verdaderamente a las moscas y las consideraban agentes portadoras de enfermedades de Satanás.

*Ereshkigal/Allatu - Babilonia

Ereshkigal era la diosa del inframundo, la muerte, la oscuridad y el polvo.

. . .

Ella era la hermana de Ishtar y era propensa a los arrebatos de ira, la depresión y mal humor (comprensible cuando eres la hermana de la bella y mágica Ishtar). Se dice que sus labios se volvían negros cuando estaba a punto de tener un ataque. Su consorte era Nergal.

*Ishtar/Istar - Acadia/Babilonia

Ishtar era la diosa todopoderosa del amor, el sexo, la fertilidad y la guerra. Cuando los acadios conquistaron Sumeria y se apropiaron de la mayor parte de los panteones, lo que ayudó a apaciguar a los sumerios supervivientes y a doblegar a la dominación acadia. Ishtar asumió el papel de la diosa sumeria Nanna como guardiana de la luna. Ishtar se representa a menudo con una estrella de ocho puntas llamada la Estrella de la Tarde (contrapunto del sol). La influencia de Ishtar era tan vasta que era conocida en muchas culturas por muchos nombres. Además de Nanna/Inanna en Sumeria, era Astarté o Astoret en Canaán/Fenicia, Isis en Egipto, Afrodita en Grecia y Venus en el Imperio de Roma. El consorte de Ishtar era Tammuz, dios de la agricultura y el renacimiento.

*Marduk - Babilonia

Como dios supremo, dios de la fertilidad y líder sagrado todopoderoso, Marduk era un dios muy querido en la cima del panteón babilónico y el último poseedor de la Tabla de los Destinos. Desafortunadamente para los babilonios, él fue de alguna manera "robado" por los asirios, causando pérdidas masivas de cosechas y guerras, que los babilonios solían perder. Normalmente se le representaba como tener barba y llevando un curioso sombrero que parecía una pata de pavo o un pastel de cumpleaños.

*Nergal - Babilonia

Dios del inframundo, Nergal era un toro que consiguió su corona arrebatando el trono a Ereshkigal, y ofreciéndose a compartirlo con ella.

*Saoshyant/Saohyant/Saošiiant - Zoroastrismo

Saoshyant era el mesías y dios de la renovación, que aparecería al final de tiempo para llevar a los fieles seguidores de Ahura Mazda a una gran fiesta, mientras los seguidores de Ahriman y los no creyentes perecieron en el fuego del infierno. Él fue el precursor de Jesucristo.

*Sin/Nanna/Inanna - Sumerio/Acadia

Enheduanna era la sacerdotisa de la diosa de la luna. En la lengua semítica de los acadios, la diosa de la luna se llamaba Sin (Nanna o Inanna). Sin/Nanna es la deidad a la que el famoso Ziggurat de Ur fue dedicada.

. . .

Sin/Nanna acabaría siendo conocida como Ishtar por los Babilonia, y como Afrodita para los griegos.

*Yahweh/Yahvé - Judaísmo

Yahvé es el único dios verdadero de los israelitas, el dios de la Torá, supremo ser y Creador. Yahvé seleccionó a los israelitas para que fueran su "pueblo elegido"; los israelitas no lo eligieron. Esto hizo que Yahvé fuera único entre los dioses. Él era un dios vengativo y celoso, que exigía obediencia y muchos sacrificios. Después de que Moisés condujo a los hijos de Israel a la libertad, donde discutieron y se quejaron y cayeron en la idolatría, Yahvé pasó cientos de años probando y atormentando a sus elegidos, hasta que el nacimiento de Jesús cambió todo. El dios del Antiguo Testamento, Yahvé, se convirtió en el Nuevo Testamento en Jehová, y sus seguidores difundieron el cristianismo por todo el mundo.

MONSTRUOS MÍTICOS DE ORIENTE MEDIO

En la siguiente sección, presentamos algunos de los monstruos míticos más conocidos de Oriente Medio.

*Al Anqa'a - Arabia

Mencionado en antiguas leyendas árabes, el nombre

de esta criatura significa "aquél con el cuello largo". Al Anqa'a es un animal gigante parecido a un pájaro capaz de llevar casi cualquier cosa, incluidos los humanos, presumiblemente para comerlos. No es estrictamente un "monstruo", pero un pájaro gigante devorador de hombres suena bastante aterrador.

*Al Bahmout - Arabia

Aunque no es estrictamente un monstruo, esta bestia ha sido descrita como una enorme ballena/toro/elefante que lleva las míticas Siete Tierras sobre su espalda.

*Al Rukh/Roc - Arabia

Otro producto de Las mil y una noches: este pájaro era aún más enorme que Al Anqa'a, y era capaz de arrastrar incluso elefantes y los rinocerontes. Al Rukh dio su nombre al grajo europeo, un animal muy grande, parecido a un cuervo con una cara y un pico blanquecinos que destacan sobre su cuerpo negro. Para los antiguos persas era conocido como Sharukh (varias ortografías).

*Anzu/Anzû/Imdugud/Zu - Asiria

Anzu es un águila dorada con cabeza de león, y es portador de las tormentas y el viento.

. . .

Anzu participó en los continuos intentos de robo de la llamada Tabla del Destino (o Tabla de los Destinos), que haría de quien los poseyera un ser omnisciente y omnipotente, un verdadero dios. La razón por la que un objeto tan poderoso existiera en primer lugar es inexplicable.

*Djinn - Persia, India, Arabia

Famosos por los cuentos de Las mil y una noches, los Djinn son criaturas mágicas que pueden adoptar la forma de cualquier criatura-animal o humana. Los Djinn pueden ser grandes o pequeños, pero tienen fama de ser hostiles. Muchas historias hablan de "genios" cautivos que engañan a sus amos cuando les están concediendo tres deseos mágicos.

*Efrit - Arabia

Los Efrit son criaturas esencialmente demoníacas, pero que pueden cambiar al bien. Se pueden encontrar en viven en sociedades complejas y son inteligentes y astutos.

*Falak - Arabia

Falak es una enorme serpiente subterránea que emergerá del inframundo al final de los tiempos para torturar a los pecadores.

. . .

*Ghol/Al Gohl/Ghoul - Arabia

Los Ghol son demonios parecidos a los zombies que rondan los cementerios y se aprovechan de los humanos; estas criaturas son nocturnas. El nombre deriva del árabe ras al-gul, "cabeza del ogro" (traducción exacta al inglés: "demon star").

*Golem - Cábala / judaísmo

Esta criatura algo familiar es un "puppet", una criatura hecha de inertes materiales (frecuentemente arcilla o tierra) con la vaga forma de un ser humano, a la que un mago u otro ser poderoso le da vida como a un zombi a través de hechizos y rituales.

La criatura no tiene conciencia ni mente propia, con lo que suele destruir a su amo. El gólem puede ser grande o pequeño, aunque como frecuentemente se envía a hacer el mal, un tamaño grande es más útil.

*Hedammu/Apše - Turquía/Anatolia

Hedammu era un dragón marino de la mitología hurrita-hitita que poseía un enorme apetito y casi devoró a la diosa Ishtar, antes de sucumbir a sus amplios encantos. Era conocido como Illuyanka por los hititas, y Tifón por los griegos.

. . .

*Illuyanka - Hitita

Illuyanka es un dragón con forma de serpiente marina asesinado por el dios del cielo y las tormentas, Tarhunna. Tarhunna era Terhunz para los anatolios, y Teshub para los hurritas (al igual que Zeus para los griegos, quien famosamente luchó contra la monstruosa serpiente.

*Leviatán - hebreo

En la Biblia hebrea, el Leviatán es un monstruo marino gigante (descrito como una ballena) que pone a prueba al fiel Job. Al final, es derrotado por Yahvé. El monstruo se correlaciona con el Lotán cananeo, el Tifón griego, el Vritra, y el nórdico Jörmungandr. Todas ellas son "serpientes del mundo" y arquetipo que representa el caos y la dualidad del bien y el mal.

*Lilith - Babilónico/judío

Lilith es una poderosa seductora demoníaca cuyo nombre deriva de la palabra babilónica que significa "monstruo nocturno" o "bruja nocturna". Lilith es declarada la primera esposa de Adán en el folclore judío, hecha de la misma arcilla que él en lugar de su costilla, como sería Eva.

. . .

Lilith se negó a ser sumisa a Adán y lo dejó en el Jardín del Edén; después, ella junto con el arcángel Samael. Samael (cuyo nombre en hebreo significa "Veneno de Dios" o "Veneno de Dios") se convertiría en Ha-Satan, el Arcángel de la muerte en el Talmud. Algunos relatos cuentan que Lilith se convirtió más tarde en súcubo demoníaco.

*Mantícora - Persia

La mantícora es una criatura devoradora de hombres con cabeza de humano y cuerpo de león, y la cola de un escorpión. La bestia pica a su presa con su cola mortal y luego lo consume entero con la ayuda de tres filas de dientes afilados. Al igual que la esfinge egipcia (no la que pregunta el acertijo), la representación de la bestia era popular en la Europa medieval, gracias a las Cruzadas.

*Nesnas - Yemen

Nesnas es una criatura horrible con forma de hombre al que le falta la mitad de su cuerpo. Tiene la cola de un cordero.

*Qareen - Arabia

Una especie de doppelgänger de los Djinn, los Qareen son criaturas que existen en un reino de los Djinn.

Pueden venir y sentarse en tu hombro, tentándote al pecado. Se conocen como Fravashi en la religión zoroastriana.

*Qarînah - Arabia

El equivalente a un súcubo/íncubo, se decía que este demonio era invisible para todos, menos para los que poseían la "segunda vista"; estos místicos veían la criatura en forma de perro o gato.

*Shahbaz - Persia/Irán

Shahbaz, que significa "halcón real" en persa antiguo, era un enorme dios-águila que ayudó a los antiguos iraníes. Un agente del bien, que más tarde sirvió como emblema en el estandarte real de Ciro el Grande, fundador del Imperio Aqueménida.

*Succubus - Hebreo

El súcubo era un demonio femenino (la versión masculina es el íncubo) que atraía a los incautos al pecado del sexo extramatrimonial. El demonio era típicamente atractivo, el mejor para seducir a su presa. El coito con súcubos/incubos era a menudo adictivo, y podría incluso llevar a la muerte. Los desafortunados padres de un bebé deforme fueron se dice que fue visitado por un súcubo/íncubo.

*Werehyena - Desconocidos De Oriente Medio

Al igual que los hombres lobo, las criaturas Werehyena son humanos que se transforman en hienas, que entonces pueden caminar a dos patas. Son brutales y despiadadas, y son mucho más grandes que las hienas normales.

3

ASIA

Asia permaneció aislada de Occidente durante miles de años. La cultura, las tradiciones y mitologías que surgieron aquí no se vieron afectadas por acontecimientos históricos en el resto del mundo. Los registros escritos de la antigua Asia muestran que sus creencias comienzan miles de años después que las de África; el Rigveda indio se remonta a unos 2000 años antes de Cristo. A los sumerios del Cercano Oriente se les atribuye la invención del primer alfabeto, el traslado desde el mundo de la escritura de tipo pictográfico. Los mitos asiáticos derivan de varias religiones politeístas, y esas prácticas no se han visto afectadas por la propagación del cristianismo, incluso hoy en día.

La mitología y las leyendas asiáticas son algunas de las más antiguas de la historia.

Países como China, Mongolia, Rusia, Japón y Turquía ofrecen historias con temas tan elementales que han impregnado las mitologías de Europa y América. Por ejemplo, el Ramayana es un poema épico indio escrito alrededor del año 300 a.C. que describe la heroicidad del dios Rama y su amor por Sita, una princesa que se convierte en su esposa.

De China llegó "El Arte de la Guerra", escrito por el general chino Sun Tzu/Sunzi entre el 500 y el 400 a.C. Este libro sigue siendo ampliamente leído e influyente en las salas de juntas de las empresas de todo el mundo. Escritas en la misma época, las Analectas de Confucio exponen muchas de las filosofías y construcciones sociales que todavía rigen la cultura china moderna y sus creencias. La inmensidad y la variedad de los países asiáticos impiden un examen riguroso de la mitología asiática en esta sección. Nuestro análisis de algunas de estas historias se limitará en su mayoría a los lugares más grandes o más densamente poblados.

4

CHINA

En China vive más gente que en ningún otro país del mundo. Los primeros gobiernos chinos datan de alrededor del año 2100 a.C. y se denominan Dinastía Xia.

Las dinastías posteriores se sucedieron hasta que la República China las sustituyó en la Revolución de Xinhai de 1911. En 1949, la República Popular de China fue proclamada por el Partido Comunista de China, y es el gobierno actual.

La mitología china es muy rica, e impregna las mitologías de otros países asiáticos, como Japón, Corea, y Turquía. He aquí algunos mitos y leyendas chinos interesantes.

. . .

MONSTRUOS MÍTICOS CHINOS

Existe un enorme panteón de criaturas míticas chinas. Algunas de las más interesantes a seguir son:

DENGLONG 蹬龙 TAMBIÉN WANGTIANHOU 望天吼, CHAOTIANHOU 朝天吼, O HOU 犼

Esta criatura se considera como una de las más poderosas y auspiciosas insignias de la mitología china. El Denglong es un hijo del Rey Dragón, y puede derrotar a otros dragones en la batalla con su aliento de fuego, y luego comerse su cerebro.

El Denglong tiene diez características específicas: los cuernos de un ciervo, cabeza de camello, orejas de gato, ojos de gamba, boca de burro, melena de león, cuello de serpiente, vientre de shen (una criatura parecida a una almeja), escamas de koi, garras delanteras de águila y patas traseras de tigre.

El Denglong puede volar como un colibrí y presagia paz y prosperidad para el reino; así, se asocia a menudo con los emperadores.

DRAGÓN LONG/LOONG/LUNG

Esta es otra criatura asociada a los emperadores, pero sólo en su forma. Normalmente el Lung tiene cuatro garras, y características específicas similares al Denglong. El dragón ha sido durante mucho tiempo un símbolo de fuerza, sabiduría y buen carácter; se considera un gran honor ser comparado con un dragón. Hay más de cien dragones diferentes en la mitología china. A continuación se enumeran algunas de ellas.

Jiaolong (chino: 蛟龍 "dragón cocodrilo"): sin cuernos o con escamas, rey y defensor de todos los animales acuáticos.

Tianlong (chino: 天龍 "dragón celestial"): dragón celestial que guarda palacios celestiales y tira de carros divinos; también es un nombre para la constelación.

Draco Yinglong (chino: 應龍 "dragón que responde"): dragón alado asociado con lluvias e inundaciones.

. . .

Fuzanglong (chino: 伏藏龍 "dragón del tesoro escondido"): guardián del inframundo de metales preciosos y joyas; asociado a los volcanes.

Huanglong (chino: 黃龍 "dragón amarillo"): dragón sin cuernos que representa el emperador.

Zhulong (chino: 燭龍 "dragón antorcha"): una deidad solar gigante de color rojo. Supuestamente tenía un rostro humano en un cuerpo de serpiente; creaba el día y la noche abriendo y cerrando los ojos, y creaba vientos estacionales mediante la respiración.

Chilong (chino: 螭龍 "dragón demoníaco"): la palabra china "chi" significa "dragón sin cuernos" o "demonio de la montaña".

Poco a poco se fueron descubriendo y documentando más animales míticos, en leyendas populares o notas históricas.

Desde el Emperador de la Llama (Yan Di) y el Emperador Amarillo (Huang Di), hasta Confucio, pasando por Dong Zhongshu, que promovió oficialmente el Derecho Divino de los Reyes en el año 134 a.C., siempre se ha creído que las apariciones de animales afortunados son representantes de un buen monarca y un excelente gobierno, y viceversa.

Por ello, esos animales auspiciosos se utilizan ampliamente en la ropa, la joyería, la decoración, la arquitectura y la literatura a lo largo de la historia china.

Hay tres animales más milagrosos, benévolos y auspiciosos en la antigua cultura china: el Fénix (conocedor), el Qilin (honesto) y la Tortuga (divina).

FÉNIX O FENGHUANG

El Fénix es un pájaro grande y colorido con un poder milagroso, cuya pluma constituye cinco caracteres chinos: virtud, rectitud, cortesía, benevolencia y fe.

El Fénix vive en los árboles, come bambú fresco y bebe de los manantiales frescos. Nunca vive en grupo, ni va a lugares sucios y caóticos.

. . .

Durante los reinados del Emperador Amarillo y del Rey Shun, se había señalado que un Fénix había aparecido al mundo secular, para mostrar el excelente gobierno y el mundo pacífico que estos reyes traían a la gente.

Fenghuang, en alguna leyenda, predijo el surgimiento de la Dinastía Zhou.

Poco a poco, el fénix fue utilizado exclusivamente por los miembros femeninos de la familia real, especialmente la reina. Hoy en día, es representativo de las mujeres bellas, valientes e inteligentes en la cultura china.

QILIN

Qilin apareció en la historia china relativamente tarde. Hace unos 2500 años, Qinlin fue documentado junto a Confucio.

Cuando Confucio nació, un misterioso animal se presentó y dejó un libro hecho de jade, en el que escribía que este bebé es la reencarnación del hijo del Dios del Agua, que está moralmente calificado como rey, pero no lo será.

• • •

Este animal tiene cuerpo de alce, cabeza de león, cuerno de ciervo, ojos de tigre y cola de buey.

Cuando Confucio era viejo y se topó con un Qilin mientras cazaba, dijo que dejaría de escribir y abandonaría el mundo pronto.

El Qilin, Qi se refiere a los machos y Lin a las hembras, es considerado siempre como una de las criaturas míticas más afortunadas y felices de China. Qilin es hermoso, suave, poderoso y nunca ataca a la gente.

La gente cree que Qilin puede derrotar a la mala suerte y traer lindos bebés a las parejas que han rezado por uno.

5

JAPÓN

Japón es un país formado por unas siete mil islas, de las cuales Honshu es la más grande. Los pueblos japonés, chino y coreano comparten una genealogía, y gran parte de su cultura, lenguas y tradiciones son similares. Lo suficientemente similares, de hecho, como para que estos países hayan desarrollado un alfabeto conocido como kanji (hanja en coreano), que combina esos caracteres compartidos entre las diferentes lenguas. La utilización de los kanji se ha disparado exponencialmente en el siglo XXI con el uso generalizado de Internet.

Cuando observamos la cultura y la mitología japonesas, no es una sorpresa ver numerosas similitudes con las tradiciones china y coreana.

. . .

Por ejemplo, la superstición de que el número cuatro da mala suerte es por la misma razón en Japón como en China: la palabra "cuatro" suena igual que la palabra "muerte", lo que hace que el número cuatro sea terriblemente desafortunado. También existe una curiosa superstición que rodea el uso de los ventiladores eléctricos.

Aunque se encuentra en los japoneses, esta superstición particular también es frecuente en la cultura coreana, donde se cree que dormir en una habitación sin ventilación con un ventilador que sopla sobre uno puede causar la muerte. Esta creencia parece haber surgido al mismo tiempo que la introducción del ventilador eléctrico de habitación en Asia; tal vez es el resultado de la desconfianza en la tecnología "occidental" o simplemente una reacción a la novedad de la electricidad en general. En cualquier caso, esta superstición persiste en Corea y partes de Japón aún hoy.

La religión japonesa del sintoísmo es animista, es decir, todo ser vivo y cosa no viva tiene un espíritu (denominado musubi 結び). Los kami (神) son los panteones de espíritus y fenómenos que se veneran. Muchos de estos espíritus se asocian a los animales, que desempeñan un papel importante en la mitología japonesa.

· · ·

DIOSES Y DIOSAS JAPONESES

Como todo tiene un espíritu en el sintoísmo, no hay muchos dioses supremos y diosas. Aquí hay algunas.

AMATERASU-ŌMIKAMI 天照大神

Amaterasu es la diosa todopoderosa del sol y del universo.

BISHAMON 毘沙門

Bishamon es el protector de la vida humana, combatiente del mal y portador del bien y la fortuna.

HACHIMAN NO KAMI 八幡神

Dios de la guerra o, más propiamente, dios de la instrucción en las artes de la guerra, Hachiman suele estar simbolizado por una paloma (irónicamente, nuestro símbolo de la paz).

. . .

INARI ŌKAMI 稲荷大神

Dios del sake (pronunciado SAH kee), del té, del arroz, de la fertilidad, de la agricultura e industria, así como el patrón de los espadachines y comerciantes, Inari es normalmente representado como andrógino, es decir, como hombre o como mujer. También se refiere a una pareja de tres o cinco kami individuales. Inari es los kami de los zorros, y la literatura sobre ellos es extensa; estos cuentos son conocido como kitsune (キツネ). Kitsune significa "zorro" en japonés.

Las puertas torii rojas que se ven en los jardines japoneses se utilizaron por primera vez para marcar la entrada a los santuarios Inari. El rojo es el color de los zorros. En otro interesante giro de mitología, los kitsune personales de Inari (que llevan los mensajes de la deidad y guardan sus santuarios) se representan de color blanco en lugar de rojo. El blanco es considerado un color auspicioso.

Los kitsune tienen sus homólogos en chino (Huli jing 狸狐精) y en las mitologías coreanas (kumiho/gumiho Hangul: 구미호; Hanja: 九尾狐) como bueno. Allí, el zorro es a menudo un embaucador, que causa pena y problemas a los lerdos, holgazanes y borrachos, así como gente honesta y dura de pelar.

Los kitsune también son cambiadores de forma: la leyenda de Hakuzsu 白蔵主 habla de un kitsune que se hizo pasar por un sacerdote japonés.

KISHIJOTEN

La diosa de la fortuna y la prosperidad, Kishijoten es la hermana de Bishamon (también Tamon o Bishamon-ten) y el patrón/guardián de las geishas. En la antigüedad del Japón, el Kishijoten se invoca para la buena suerte y el éxito, especialmente para niños. Las raíces históricas de Bishamon y Kishijoten se remontan a deidades hindúes; Kishijoten corresponde a Lakshmi en el hinduismo.

TAKEHAYA SUSANOO NO MIKOTO 建速須佐之男命

También conocido como Susanoo, dios del mar y las tormentas, Takehaya es el hermano de Amaterasu y Tsukuyomi. La leyenda del nacimiento de estos hermanos es que nacieron del gran dios Izanagi mientras se bañaba en los contaminantes de su visita al inframundo (Yomi-no-kuni 黄泉の国). Amaterasu nació del ojo izquierdo de Izanagi; Tsukuyomi de su ojo derecho y Susanoo de la nariz.

TSUKUYOMI-NO-MIKOTO 月読尊

Tsukuyomi es el dios de la luna y hermano/esposo de Amaterasu. Es interesante observar que la deidad de la luna es masculina y el sol femenino en la mitología japonesa, que contrasta con los mitos de las civilizaciones occidentales, que suelen describir al sol como masculino y a la luna como femenina.

MONSTRUOS MITOLÓGICOS JAPONESES

La mitología japonesa, como la china, es rica y variada. He aquí algunos de los muchos espíritus y monstruos.

YAMATA-NO-OROCHI

Uno de los cuentos de Susanoo implica que el dios del mar viaja por un río hasta que se encuentra con una pareja de ancianos llorando. La pareja le dice que su único la hija debe ser sacrificada a la horrible serpiente marina Yamata-no-Orochi (八岐大蛇 "serpiente gigante de ocho brazos").

. . .

Se describe a la criatura como si tuviera ocho cabezas y ocho colas (el ocho es un número místico en la mitología japonesa) -su gran longitud es igual a la de ocho valles y ocho colinas, su piel cubierta de musgo, su espalda luciendo abetos y cipreses, y su vientre ensangrentado e inflamado. La pareja revela que anteriormente tuvo ocho hijas, pero el monstruo apareció cada año durante siete años y se comió una de sus hijas, dejando sólo a esta última. Ahora, llega de nuevo.

Susanoo declaró que mataría a la criatura si la pareja le daba su última hija como esposa, a lo que accedieron apresuradamente. Susanoo transforma a la chica en un peine para el pelo. La asegura en su pelo, luego instruye a la pareja sobre cómo capturar al monstruo: deben destilar un licor que fue refinado ocho veces y llenar ocho cubas con ella. Luego deben construir una valla circundante con ocho puertas, y deben colocar una cuba de licor delante de cada puerta. Cuando todo está listo, esperan.

El monstruo aparece como se esperaba y es atraído por el elixir mágico. Se sumerge una de sus ocho cabezas en cada una de las ocho cubas de las ocho puertas y bebe hasta que está demasiado intoxicado para mantenerse en pie, con lo que se cae y duerme. Mientras la criatura duerme, Susanoo la hace pedazos con su espada, hasta que el río corra con sangre.

Mientras corta el último trozo de la cola de la bestia, su espada se rompe. Sorprendido, Susanoo examina el trozo de cola y encuentra la espada mística Kusanagi-no-Tsurugi en su interior, que se convierte en uno de los tres Regalías Imperiales sagradas de Japón.

Yamata-no-Orochi es un ejemplo de kaiju (怪獣 "bestia extraña"), que evolucionó hasta convertirse en todo un género cinematográfico japonés a mediados de la década de 1950, y continúa aún hoy en día. Entre los kaiju cinematográficos más famosos se encuentran Godzilla/Gojira, Rodan, Gidorah y Mothra. Los kaiju son mitológicos, pero no parecen tener raíces históricas en el folclore japonés.

YŌKAI

Yōkai es el término general para referirse a los monstruos en japonés. Se conoce de forma variada como ayakashi, mononoke o mamono, los yōkai tienen sus raíces en el folclore, con muchos que se remontan a siglos atrás. Estos son algunos tipos de yōkai.

Los Gashadokuro son gigantescas criaturas esqueléticas que vagan por el campo en búsqueda de víctimas para comer. Cuando se encuentra una víctima, el Gashadokuro le arrancará la cabeza de un mordisco, luego drena la sangre de la víctima en un esfuerzo por su propio torso óseo. Se cree que estas criaturas son los vengativos espíritus de personas que han muerto de hambre.

Jorōgumo tiene la parte superior del cuerpo de una mujer bella y la parte inferior de una araña gigante. Ella atrae a los hombres a su muerte seduciéndolos, atrayéndolos a zonas aisladas, para luego hilarlas en manojos con su seda antes de escurrir de sangre. En algunas versiones, el Jorōgumo aturde a sus víctimas primero con que les entrega su "bebé" para que lo sostengan, que luego resulta ser una masa de huevos de araña que explotan y cubren a la víctima con crías de araña y veneno.

Los akaname son los horribles demonios de piel roja de los baños sucios. Son descritas como de pelo graso, piel viscosa y largas lenguas pegajosas que utilizan para devorar la suciedad de las superficies sin limpiar. Su habilidad más poderosa es la de propagar enfermedades.

Umibozo es una criatura gigante de las profundidades del océano. Tiene forma humana y un color oscuro en la piel, pero sólo aparece de la cintura para arriba debido a la profundidad del agua.

Atacan a los barcos desprevenidos inundándolos con agua y ahogando a los marineros. La única esperanza de escapar cuando se enfrentan a una de estas criaturas es ofrecerle un barril sin fondo. Se cree que la criatura intenta repetidamente llenar el barril, dando tiempo a que el barco huya. La palabra umibozo se traduce como "monje de mar", y las criaturas pueden ser el resultado de monjes vengativos.

Las Rokurokubi se parecen a las mujeres humanas normales, pero tienen la terrorífica capacidad de estirar sus cuellos hasta 6 metros de longitud, o peor aún, de desprender sus cabezas por completo y dejarlas volar por ahí. Se dice que estos monstruos nacen humanos y se transforman en criaturas malignas por su propio mal karma o por las malas acciones de sus parientes masculinos.

Los Jubokko son árboles chupasangre que están tan desesperados por la sangre humana que desgarran a las víctimas que pasan y las consumen. Jubokko comenzó pareciéndose a árboles normales que resultaban estar situados donde se libraban las principales guerras; el terreno se empapó de tanta sangre que los árboles se vieron obligados a absorberla del suelo, transformándolos en el miserable Jubokko. Si cortas un Jubokko, sangrará sangre humana.

Los oni son demonios u ogros japoneses de piel roja o azul, pelo alborotado y gigantescos en estatura. Llevan garrotes y poseen numerosas habilidades mágicas, como la capacidad de regenerar partes del cuerpo cortadas, cambiar de forma, volar, propagarse la locura y la muerte, y provocan la ruptura de la sociedad. También son glotones de comida y bebida.

YŪREI

Los yūrei son los fantasmas de diversas criaturas míticas o naturales. La mitología japonesa está repleta de fantasmas; he aquí algunas de sus historias.

Bakekujira es la versión japonesa de Moby Dick. Este esqueleto embrujado de una ballena nada por las costas durante la noche, seguido por un grupo de extrañas aves y peces desconocidos. Si se ve en una noche de niebla, se dice que la persona que lo vio tendrá mala suerte.

Kasaobake es uno de los yūrei más extraños. Es un paraguas que se convirtió en un fantasma en su centenario. Se dice que tiene una sola pata, uno o dos ojos y una larga lengua colgante. Las criaturas tienen una afición por cazar a sus antiguos propietarios y comerlos.

Los Katakirauwa son los fantasmas de los lechones, que se distinguen de los cerdos normales por su extraña piel oscura, su única oreja y sus brillantes ojos rojos. Se mueve con un curioso andar a saltos, y se cree que si la criatura pasa de alguna manera entre tus piernas, puede despojarte del alma.

Los Onryō son terroríficos espíritus vengativos que surgen de las almas de las personas que mueren con ira, odio o celos en sus corazones. Estos fantasmas tienen "negocios inconclusos" con los vivos. Buscan a aquellos que consideran que les han hecho daño, torturándolos y llevándolos a la locura y a la muerte.

Los Noppera-Bō son fantasmas que se parecen a los humanos, pero no tienen cara. Su nombre significa "monje sin rostro", y su principal ocupación parece ser asustar a la gente. Se presentan ante sus víctimas de espaldas a ellas al principio, y luego giran lentamente para revelar un rostro espantoso.

6

INDIA

La civilización india comenzó hace unos 4.500 años en el gran Valle del Indo en lo que es el actual Pakistán. Esta civilización (o tal vez grupo de civilizaciones) sufrió numerosas invasiones de tribus del norte, que, de alguna manera, lograron cruzar la muralla del Himalaya. Los estudiosos piensan que el hinduismo surgió de las raíces de los sistemas de creencias de los pueblos del Indo en algún momento del segundo milenio antes de Cristo (la última Edad de Bronce).

El hinduismo puede ser la religión más antigua del mundo que se practica continuamente, con textos que se remontan al año 2000 a.C. y antes. El término "hinduismo" no está exento de polémica; la palabra fue acuñada por escritores británicos durante la época imperial y, por lo tanto, es objetable para algunos.

Términos como "religión védica" o "hindú/sanatana dharma" pueden ser preferibles.

Aproximadamente el 70% de la población india se identifica como hindú, mientras que otro 10% se identifica como musulmán. Los porcentajes restantes se dividen entre el budismo, el jainismo, el cristianismo y otros.

Uno de los principales -si es que no el más importante- principios del hinduismo es la verdad. Pero los hindúes no creen que la verdad sea didáctica. En cambio, la verdad se puede encontrar en muchos lugares y toda la verdad es relativa al lugar, el tiempo y la cultura de quien la propugna. Por ello, los hindúes modernos creen firmemente en la necesidad de la tolerancia y en la búsqueda amplia de conocimiento a partir de fuentes dispares.

Esta creencia en la relatividad de la verdad ha conducido, en parte, al desarrollo del enorme panteón de dioses y diosas hindúes, y la riqueza de mitología, la doctrina y la práctica que lo acompañan. La reencarnación (o, más propiamente, "transmigración") es una creencia central del hinduismo, especialmente en el sudeste asiático.

. . .

Se cree que el alma o el espíritu renace en otra forma después de la muerte; la forma que toma el alma en la siguiente vida depende del karma -determinado por las buenas o malas acciones de una persona en vidas anteriores- de la persona que murió.

DIOSES Y DIOSAS HINDÚES

Se dice que hay dos millones de dioses y diosas en el panteón hindú, y que todos ellos son adorados. Algunas de estas deidades son avatares de algunos de los inmortales primarios, mientras que otros podrían ser considerados dioses menores que pueden aparecer esporádicamente o en circunstancias especiales. Aquí hay algunos de los dioses y diosas de la mitología hindú.

AGNI

Agni es el dios del fuego, amigo y protector de la humanidad, y guardián del hogar; en los Vedas se ofrecen más himnos a Agni que a cualquier otra deidad. Los padres de Agni son Aditi y Kashyapa/Kasyapa, Dyaus (el padre del cielo védico) y Prithvi/Prithivi, o incluso el propio Señor Brahma.

GANESH/GANESHA

El hijo con cabeza de elefante de Shiva y Parvati, Ganesh es el señor del intelecto, sabiduría y dios de la buena fortuna y de la superación de los obstáculos, lo que demuestra su único colmillo. Se le suele representar con la piel roja o amarilla y el cuerpo de un hombre, además de su cabeza de elefante -que recibió de Shiva después de que el Destructor le cortara la cabeza humana en un ataque de ira. También tiene un cuerpo grande y cuatro brazos (que representan su divinidad); es la encarnación del sonido primordial "OM", de donde surgieron todos los himnos. Ganesh tiene tres esposas, y también representa el equilibrio perfecto entre la bondad y la fuerza, el poder y la belleza, la verdad y la ilusión, lo real y lo irreal.

Ganesh cabalga sobre un ratón que representa la ignorancia y su dominio sobre ella.

KALI

Kali es la Madre Oscura. El avatar terrorífico de Shakti, Kali representa la ferocidad del amor maternal. Suele tener la piel azul o negra, cuatro (o a menudo ocho o diez) brazos, una larga lengua que sobresale, ojos rojos y una cara y el pecho cubiertos de sangre. Cada una de sus manos sostiene un arma temible, normalmente una espada de algún tipo.

· · ·

Sus pendientes son cabezas humanas cortadas y un un collar de cincuenta cabezas (cada una de las cuales representa una letra del alfabeto sánscrito) rodea su cuello; su falda está hecha de brazos y manos humanos cortados.

Se la puede ver de pie sobre el cuerpo de su marido, Shiva, que se arrojó a sus pies para impedir que la que se arrojó a sus pies para detener su furia asesina. Tiene tres ojos para ver el pasado, el presente y el futuro (kala es la palabra sánscrita para "tiempo"). Los adoradores de Kali tienen una profunda relación con la diosa, y se dice que la quieren como a sus propias madres.

LAKSHMI

Diosa de la belleza y la luz, la buena fortuna y la riqueza, Lakshmi es la esposa y Shakti (energía sagrada) de Vishnu, y se reencarna con él cada vez que toma la forma de uno de sus avatares: es Sita para su Rama, y Radha y Rukmini para su Krishna. Lakshmi es representada como una hermosa mujer de piel clara con cuatro brazos (una indicación de divinidad), de pie o sentada sobre un padma (el loto sagrado). Suele ir acompañada de uno o dos elefantes que vierten sobre ella las aguas del océano. Fue elevada del Mar Lácteo por el dios de la guerra primitivo Indra, que agitó el mar con la ayuda de los demás dioses para sacar los tesoros del mundo de sus profundidades.

Lakshmi rara vez está sin Vishnu, y a menudo se la encuentra masajeando los pies del dios protector. Lakshmi es la influencia para las diosas de un número de otras naciones, como Vadsudhara en Nepal y el Tíbet, Dewi Sri en Bali (Indonesia), y Kishijoten en Japón. Lakshmi cabalga sobre un búho.

PARJANA/PARJANYA

Dios de la lluvia, las tormentas eléctricas, los rayos y los monzones, Parjana tiene dominio sobre la reproducción de toda la vegetación y las criaturas vivas, aunque se discute si originalmente era el dios de la lluvia o el del trueno.

Se le compara con el dios lituano del trueno, Perknas, y con el dios nórdico Thor. Parjanya es el esposo de Prithvi (también Bhmi), que es la encarnación de la tierra y de la vaca sagrada Vasa, cuya leche representa la lluvia. Está asociado con el dios védico Varuna (el dios del cielo) como deidad de las nubes. Parjanya aparece como un hombre de piel clara con cuatro brazos, que está sentado sobre una flor de loto. Lleva pendientes de oro y una gran corona de oro con un halo de arco iris detrás de ella; a menudo sostiene flores de loto en dos de sus manos.

. . .

También es uno de los doce Adityas, los hijos de Aditi, diosa del cielo y madre de los dioses. Suraya (el sol) es el principal de los Adityas, que puede compararse con los signos del zodiaco de la astrología occidental. Cada Aditya brilla en un mes diferente del año; el de Parjanya es el mes de Kártik.

PARVATI

Además de ser la esposa de Shiva, Parvati es también la shakti (o energía vital/vida) que produjo a los dioses Ganesha, Karitkeya (dios de la guerra) y Ashokasundari (diosa de la imaginación). Parvati es la Diosa Madre en la religión hindú; tiene dominio sobre la fertilidad, el matrimonio, el amor, la belleza, los niños y la devoción (especialmente la fidelidad conyugal). Kali es un aspecto terrorífico de Parvati, que representa el amor maternal.

Parvati es el modelo de Tara en el budismo tibetano y nepalí, Cibeles en la mitología grecorromana y la diosa griega Vesta. Es el aspecto nutritivo de la diosa suprema hindú Devi. Junto con Lakshmi y Saraswati, Parvati forma el Tridevi, la sagrada trinidad de la diosa, que complementa y asiste a la Trimurti en la tarea de crear, mantener y reciclar el universo. Parvati cabalga sobre Dawon, el león.

. . .

SARASWATI

Saraswati es la esposa de Brahma y diosa del conocimiento, el aprendizaje, la sabiduría y las artes. Es la shakti del dios creador y forma parte del Tridevi. Es el origen de la diosa Anahita en la antigua Persia, Atenea/Minerva en la antigua Grecia y Roma, y Benzaiten (弁財天) en Japón. Es la hermana de Shiva el Destructor, y monta un cisne o un pavo real.

SURYA

El sol y el dios del sol, Surya es el hijo primogénito de Aditi (la madre de los dioses) y su marido Kashyapa, un venerado sabio védico. Surya conduce un carro dorado tirado por siete caballos blancos por el cielo (anterior a Apolo).

MONSTRUOS MÍTICOS HINDÚES

Así como hay legiones de dioses, también hay legiones de monstruos. Aquí algunos de los monstruos del mito hindú.

ALMAS/ALMA - MONGOLIA

Esencialmente un Pie Grande mongol, Almas es un humanoide cubierto de pelo, incapaz de hablar.

Habla en gruñidos y también se encuentra en los mitos checheno, turcos y en los mitos rusos. Habita en el Cáucaso y en las montañas de Altai, en esta región. La versión china es el Yeren; la india, el Mande Barung; la de Sumatra es el Orang Pendek; la pakistaní es el Barmanou; la tibetana es el Yeti y el nepalí es el Meh-teh. El continente americano tiene a Pie Grande.

APSONSI - THAI

Apsonsi es una criatura mitad mujer, mitad león (también Apsarasingha, y otras grafías) que vive en el legendario bosque de Himavanta, en el Himalaya. Se cree que son protectores de los daños, y suelen montar guardia en los templos budistas.

KALA - HINDÚ

Un monstruo que es la personificación del tiempo, el kala es un aspecto del dios destructor, Shiva. También se le considera una de las formas primarias de Vishnu en el Vishnu Purana. Kala es el mensajero de Yama, dios de la muerte.

Batara Kala es el dios de la destrucción en la mitología javanesa, y es representado como un enorme y poderoso gigante.

. . .

KALAVIKA - BUDISMO

Kalavika es una criatura inmortal con cabeza humana sobre un cuerpo de pájaro y una cola larga y fluida.

Canta mientras está en el huevo con una hermosa voz, que se dice que emula la voz de Buda. Es similar al Inmyeonjo coreano.

KINNARA - HINDÚ

Con una mitad superior humana y una mitad inferior de caballo, Kinnara es una músico celestial. En el sudeste asiático, el Kinnara (macho) y el Kinnari (hembra) son deidades queridas y benévolas que son mitad humanas y mitad pájaros. Viven en el Himalaya y sobrevuelan a la humanidad en tiempos difíciles, manteniendo a la gente segura. Las Kinnaris son renombradas cantantes, bailarinas y poetas; simbolizan los atributos tradicionales femeninos de la belleza, así como la gracia en las artes.

KIRTIMUKHA - HINDÚ

Kirtimukha es un monstruo temible con enormes colmillos y una boca enorme. Es un motivo que se encuentra en edificios y arte ornamental, más que un monstruo mítico.

. . .

Su nombre significa "cara de gloria" y representa la codicia; es un arquetipo al que se denomina "dios tragón". Un símbolo similar es Simhamuka (cara de león).

MAKARA - HINDÚ

El vehículo (vahana) de la diosa Ganga y del dios del mar Varuna, el Makara es la mitad delantera de un animal terrestre (normalmente un ciervo o un elefante) con la mitad trasera de un pez o una foca, a veces una serpiente o incluso una flor. Es el equivalente astrológico hindú del signo de Capricornio en el zodiaco occidental.

Los Makara (en singular y plural) custodian las entradas de los templos y son utilizados como motivos de otros dioses hindúes, como Shiva y Surya. La personalidad de Makara es la de un cocodrilo.

GUSANO DE LA MUERTE MONGOL - MONGOLIA

Se trata de un gusano gigante de unos 1,5 metros de largo que parece una gran tripa de vaca. Escupen ácido a los que se acercan a él. Si lo tocas, morirás al instante.

PENANGGALAN - MALAYSIA

Un monstruo horripilante con gusto por los recién

nacidos (bebés humanos), esta criatura aparece como una mujer normal durante el día, pero al caer la noche, su cabeza se desprende y vuela en busca de víctimas, especialmente a embarazadas. Arrastra sus entrañas humanas mientras vuela, y luego debe limpiarlas con vinagre y volver a introducirlas en su cuerpo al amanecer. El olor a vinagre lo rodea.

PHAYA NAGA - LAOS

Phaya Naga es un dragón de agua benigno que vive en el río Mekong y vigila las ciudades a lo largo del mismo. Phaya Naga puede disparar bolas de fuego por la boca y también es conocido en Camboya, Vietnam, Birmania y Tailandia.

SHESHA/SHESAHNAGA/ADISHESHA - HINDÚ

Rey de todas las serpientes y servidor de Vishnu, Shesha es uno de los seres originales del universo. Los Puranas lo describen como un ser que sostiene los objetos del universo en sus mil capuchas, y cantando las alabanzas de Vishnu por sus mil bocas. Shesha flota enroscado en el vacío del espacio, o a veces en el océano primordial. Mientras Shesha extiende sus bobinas, el tiempo avanza. Cuando comienza a enrollarse de nuevo, el tiempo y el universo serán exterminados. Shesha significa "lo que queda".

. . .

VETALA - INDIA

Esencialmente vampiros, son personas muertas que caminan por la tierra porque los ritos funerarios adecuados no se realizaron sobre ellos. También pueden ser espíritus que habitan y animan los cadáveres. Reconocible por sus manos y pies al revés, un Vetal (singular) puede ver hacia adelante y hacia atrás en el tiempo, y utilizar ese conocimiento para confundir a sus víctimas. Los Vetala pueden ser esclavizados para actuar como como guardias o ayudantes de los hechiceros, y se sabe que matan a los niños y animales domésticos.

SUPERSTICIONES INDIAS

Dada la enorme variedad de deidades y las numerosas tribus que componen los pueblos de la India, no es sorprendente que un gran número de supersticiones hayan surgido allí. Por ejemplo:

Colgar un limón ensartado con exactamente siete chiles picantes (llamado nimbu totka) se cree que disuade a los espíritus malignos, así como a Alakshmi, dios de la desgracia. Parece que la eficacia de esta tradición tiene cierta base: los cítricos y los chiles contienen grandes cantidades de vitamina C. Supuestamente, la vitamina es absorbida por el hilo de algodón que atraviesa las frutas cuando se ensartan y luego se libera en el aire. Se ha demostrado que la vitamina C es beneficiosa para promover la salud de los pulmones y del sistema inmunológico.

Además, el olor de los cítricos puede repeler insectos y otras plagas (así funcionan las velas de citronela).

Báñese después de asistir a un funeral. Esto tiene mucho sentido. La descomposición de los cuerpos libera una serie de toxinas y bacterias en el aire, que pueden contaminar a los dolientes.

Tirar monedas en fuentes y cuerpos de agua sagrados para purificarlas. Históricamente, muchas monedas contenían cantidades significativas de cobre (un elemento metálico con reactividad química). El cobre actuaba como tratamiento químico en los suministros de agua, haciéndola más segura para su consumo al matar las bacterias y proporcionar un elemento necesario para la salud. Arrojar monedas a los pozos y fuentes es una tradición que se ha asociado a la suerte en todo el mundo.

Evite cortarse el pelo y las uñas el sábado. Se cree que esto enfurece al planeta Saturno (Shani) y trae mala suerte. Por lo visto, los planetas tienen una voluntad propia que desconocemos. Los gatos negros también dan mala suerte porque el negro es el color de Shani.

. . .

Evita el número ocho. De nuevo, Shani rige el número ocho y todo lo que sea asociado con Shani parece dar mala suerte.

Guarda las cebollas (¡y los cuchillos!) debajo de tu cama para evitar los malos sueños. Esto se hace comúnmente bajo las cunas de los bebés, para que el niño duerma tranquilamente. Si el monstruo de las pesadillas no se aleja con el olor, tal vez haya que apuñalarlo hasta la muerte.

Curiosamente, se supone que poner una cebolla bajo la almohada hará que sueñes con tu futura pareja.

Sacudir las piernas ahuyentará tu riqueza. Tal vez porque harás tintinear tu cambio a través de ese agujero en tu bolsillo.

No barras el suelo por la noche o barrerás a Lakshmi por la puerta. Se dice que a esta diosa le gusta visitar las casas por la noche (sobre todo entre las 6 y las 7 de la tarde), y que barriendo se impedirá que entre en la casa.

El estiércol de cuervo da suerte.

· · ·

Varios animales son sagrados en el hinduismo, y ver estiércol de cuervo se dice que significa que el dinero vendrá a ti. La palabra para esta bonificación en hindi es laabh; Labh es uno de los hijos de Ganesh, el dios hindú de la buena fortuna.

Añade una rupia para la suerte. Cuando regales dinero, asegúrate de que la cantidad termine en "uno"; se dice que los números impares son mejores que los pares, y el número uno es especialmente afortunado.

Los pies planos dan mala suerte. Las suegras indias pueden comprobar si la futura novia tiene pies planos porque se cree que una mujer con esa característica se convertirá en viuda.

El kohl protege contra el mal de ojo. El concepto indio del mal de ojo se denomina buri nazar, y significa que por cada cosa buena que ocurre, es probable que se produzca algo malo. Se dice que poner una tikka (mancha) de kohl en la frente y/o la mejilla del bebé evita el mal de ojo.

Para prevenir las enfermedades cardiovasculares, hay que asegurarse de que la cabecera de la cama no esté orientada al norte. Esto tiene que ver con los campos electromagnéticos de la tierra.

Aplasta la cabeza de una serpiente después de matarla, para que la cabeza cortada no te muerda. Lo creas o no, esto es un hecho. Según National Geographic, las serpientes tienen músculos reflejos que pueden permanecer activos hasta una hora después de que la cabeza sea cortada y la serpiente está oficialmente "muerta". La cabeza puede morder e inyectar veneno en ese período.

Revestir el suelo con estiércol de vaca da suerte. Las vacas son sagradas en la India, y todo lo relacionado con las vacas se considera auspicioso. Se dice que el estiércol también repele a los insectos y reptiles, lo cual es útil, ya que hay muchos de ellos en la India. Esta práctica comenzó antes de la llegada de los limpiadores químicos modernos y aún continúa en algunas partes del país.

Nota: Unas palabras sobre el sati (también suttee): esta práctica notoria que consiste en quemar viva a la viuda o a la amante de un difunto en la misma pira funeraria fue oficialmente prohibida el 3 de enero de 1988, debido a un incidente ocurrido el año anterior. Aunque la práctica está prohibida por ley, todavía se lleva a cabo.

7

LAS AMÉRICAS

Las civilizaciones históricas de América proceden directamente de Asia. Los pueblos emigraron a América del Norte y del Sur desde el continente asiático al final de la última Edad de Hielo, tanto cruzando a pie un puente terrestre en el Mar de Bering como en barco. Llevaron los barcos por la costa occidental de América desde lo que ahora es Alaska hasta la Patagonia. Debido a su aislamiento físico, las civilizaciones de las Américas permanecieron "primitivas" mientras que el resto del mundo entró en la Edad de Hierro. Esto no impidió que las civilizaciones americanas desarrollaran ricas tradiciones culturales y políticas, así como intrigantes mitologías.

Esta sección examinará las historias de las Américas por regiones, empezando por América del Norte (Canadá y

Estados Unidos), seguida de México y Centroamérica, para terminar con Sudamérica.

A lo largo del recorrido, se presentará el fascinante folclore y las mitologías de las culturas y pueblos de las Primeras Naciones y de los nativos americanos.

Hay numerosas posesiones y territorios en estas regiones y sus alrededores que pertenecen a países de fuera de la región (por ejemplo, Groenlandia pertenece a Dinamarca, las Islas Vírgenes se reparten entre Gran Bretaña y Estados Unidos), pero para simplicidad, los examinaremos en el contexto de su geografía.

La asignación de las tierras Inuit (por ejemplo, Alaska) a Canadá, en lugar de a EE.UU., puede parecer confusa; sin embargo, las tradiciones de los pueblos indígenas de Alaska no coinciden con las de los pueblos nativos de Estados Unidos continental en su mayor parte.

Los nativos americanos, o Primeras Naciones, descienden del grupo de personas que cruzaron el teórico puente terrestre desde el este de Rusia y Asia hasta Norteamérica hace unos veinte mil años. Algunas de sus mitologías tienen detalles en común con las de los nativos de Alaska.

8

CANADÁ

La cultura canadiense ha sido influenciada por la conquista, principalmente de Gran Bretaña y Francia, pero también por la inmigración y por sus propios pueblos indígenas. Cuando observamos los mitos y leyendas de Canadá, encontramos que algunos provienen directamente del folclore y la religión indígenas, mientras que otros son una mezcla de la tradición indígena y europea. Estos son algunos de los grandes mitos y leyendas de Canadá.

MONSTRUOS Y LEYENDAS DE CANADÁ

Varias de las leyendas de esta zona se refieren a objetos inanimados más que animados.

. . .

CHASSE-GALERIE - CUENTO POPULAR FRANCÉS

Esta extraña leyenda se refiere a un grupo de personas indefinidas que deben recorrer una gran distancia en poco tiempo. Deciden hacer un pacto con Satanás (¡!), que convierte su canoa en un barco que vuela a gran velocidad. Satanás les dice que pueden ir a donde quieran en la barca, pero que no deben pronunciar el nombre de Jesucristo, para que Satanás no reclame sus almas. En el camino, sin embargo, los miembros del grupo se emborrachan mucho, y uno de ellos empieza a pronunciar los nombres de Dios y de Jesús. Los demás intentan detenerlo, pero el barco volador se estrella contra la tierra, dejándolos a todos sin sentido. Cuando recuperan la conciencia, descubren que están en el infierno. El título Chasse-galerie es generalmente aceptado como "canoa voladora" o "canoa embrujada", aunque su traducción precisa es más bien "casa embrujada".

CRESSIE - NEWFOUNDLAND

Se dice que este monstruo de 4,5 metros habita en las aguas del lago Crescent Lake, situado en Roberts Arm, Terranova. La pequeña ciudad (con una población de 840 habitantes) ha registrado numerosos avistamientos de la criatura, algunos de los cuales se remontan a sus primeros días y a las leyendas tribales.

. . .

Se dice que el monstruo tiene forma de serpiente y que vive en las partes más profundas del lago. También tiene la capacidad de cambiar de forma.

BAILANDO CON EL DIABLO (TAMBIÉN CONOCIDA COMO LA LEYENDA DE ROSA LATULIPA) - CUENTO POPULAR EUROPEO

Hay docenas de versiones de esta historia, pero básicamente una joven insensata decide bailar con un desconocido hasta la medianoche. Cuando llega la hora, el desconocido se revela nada menos que el mismísimo Satanás. La chica está aterrorizada, pero es demasiado tarde para escapar. Satanás la secuestra y la lleva al infierno, donde permanece hasta el día de hoy. ¿Cuál es la lección moral? No bailes con extraños.

DUNGARVON WHOOPER - NUEVO BRUNSWICK

Esta extraña historia se cuenta entre los leñadores y madereros de la cuenca del río Dungarvon, en Nuevo Brunswick. Parece ser que una vez hubo un ayudante de cocina, un joven que trabajaba en un campamento maderero junto al río. Inexplicablemente, el jefe del campamento mató, cocinó y se comió al muchacho un día. El jefe dijo a los madereros que el chico había huido.

. . .

Esa noche, el campamento fue ensombrecido por gritos sobrenaturales; los leñadores abandonaron el campamento aterrorizados al día siguiente. Se dice que el fantasma del niño sigue rondando ese lugar hasta el día de hoy.

LA MESETA PROHIBIDA - COLUMBIA BRITÁNICA

Entre las colinas de la Columbia Británica se encuentra una meseta boscosa y montañosa salpicada de pequeños lagos. Esta zona escarpada, en la que vivían los K'omoks/Comox, se utilizaba como refugio para las familias de los miembros de la tribu durante las incursiones hostiles de las tribus costeras. Se dice que, hace tiempo, las familias se escondían allí, pero cuando los hombres volvían a la zona para recoger a sus esposas e hijos después de otra incursión, no había ni rastro de ellos.

El sitio se consideraba el hogar de los espíritus malignos que se habían llevado a las familias y fue declarada zona prohibida. En 1946, el terremoto más potente jamás registrado en Canadá, de 7,3 grados en la escala de Richter, afectó a la meseta. Afortunadamente, los daños y la pérdida de vidas fueron mínimos.

. . .

BARCO FANTASMA TEAZER – NUEVA ESCOCIA

He aquí una gran historia de un barco (supuestamente real). El barco Young Teazer era una goleta que se hundió durante la Guerra de 1812 en la costa de Nueva Escocia. La gente cree que todavía se puede ver, brillando con fuego, navegando a través de la niebla de la mañana. El detalle de que el Young Teazer era un barco pirata con licencia es aún más interesante, un dato raro y jugoso en la historia de los barcos fantasma.

BARCO FANTASMA (II) - LA ISLA DEL PRÍNCIPE EDUARDO Y NORTHUMBERLAND

El Barco Fantasma del Estrecho de Northumberland tiene la distinción de ser el barco encantado más conocido de Canadá. Los avistamientos se registran desde hace más de doscientos años, y suelen hablar de un barco de tres mástiles que estalla en llamas cuando otros barcos intentan acercarse a él. Cuando los barcos de rescate se acercan, la misteriosa goleta desaparece. El nombre y el origen del barco son desconocidos.

TREN FANTASMA - QUEBEC

En Saskatchewan se encuentra la leyenda regional del Tren Fantasma. La leyenda se centra en la pequeña ciudad de St. Louis, donde se encuentra una vía férrea abandonada. Se pueden ver luces extrañas moviéndose a lo largo de las vías en ciertas noches.

Las luces se atribuyen al Tren Fantasma, o al fantasma de un trabajador ferroviario fallecido.

EL POZO DE DINERO DE OAK ISLAND – NUEVA ESCOCIA

Esta es la leyenda conocida por el público de todo el mundo, y la base de un popular programa de televisión. La isla de Oak, situada frente a la costa de Nueva Escocia, alberga el misterioso "pozo de dinero": un agujero de 70 metros de profundidad que excavado por personas desconocidas y cargado de numerosas "trampas", que consisten en plataformas que caen, trampas de agua y suelos falsos. El pozo ha sido explorado durante más de 150 años por varios individuos y grupos financiados, con el resultado de la muerte de seis cazadores de tesoros (parte de la leyenda estipula que el tesoro no se encontrará hasta que siete personas hayan muerto en su búsqueda).

Una segunda leyenda afirma que mientras haya robles en la isla, el tesoro no se encontrará. A día de hoy, todavía queda un roble. En los últimos años se han propuesto varias teorías sobre el pozo, la mayoría basada en los pequeños objetos recuperados en varias excavaciones. Ya sea que se trate de los restos de un campamento de pesca vikingo, o el último guardián del botín pirata, nadie sabe la verdad al respecto.

INUIT/PRIMERAS NACIONES

Aunque se trata de dos grupos juntos, no son lo mismo: los inuit son los pueblos antiguamente llamados "esquimales", que tradicionalmente vivían en las islas y a lo largo de las costas del extremo norte de Canadá y lo que ahora es Alaska. Las Primeras Naciones son pueblos nativos que vivían en las tierras situadas entre el Pacífico y el Atlántico por debajo del Círculo Polar Ártico.

Un tercer grupo está reconocido en Canadá: los mestizos. Estos pueblos descienden de las Primeras Naciones que se unieron a los europeos.

Hay varios grupos grupos inuit: Caribou Inuit, Copper Inuit, Netsilik Inuit, Inuit del Lago Amitsoq, e Iglulik Inuit, por nombrar algunos. Las mitologías y la cultura de cada uno de estos grupos son algo diferentes, por lo que algunos de los dioses y diosas, y las historias sobre ellos, también serán diferentes. Los distintos seres y relatos de este libro son representativos de los distintos grupos inuit.

DIOSES Y DIOSAS INUIT
La mitología inuit se basa en gran medida en el estilo de vida marítimo del pueblo.

Esta es una buena manera de diferenciarla de los mitos de las Primeras Naciones terrestres.

KINAK

Kinak es el dios del viento del norte, del tamaño de una montaña, e hijo del aliento de la vida, Sila. Su aliento helado podía matar, y su enorme cuerpo reclinado abarcaba toda una cordillera. Una leyenda cuenta que una mujer humana llamada Taku huyó de su marido maltratador y se refugió en las montañas, que eran Kinak. El dios del viento se apiadó tras escuchar su historia y le permitió vivir con él durante muchos años. Eventualmente, Kinak necesitó cambiar su posición a su otro lado, lo que significó que Taku tuvo que regresar a casa.

Kinak la envió con un cargamento de valiosas pieles que la hicieron a ella y a su marido muy ricos. Durante un tiempo, la pareja fue feliz e incluso tuvo un hijo, pero el marido de Taku retomó sus viejas costumbres y comenzó a golpearla de nuevo. Ella rezó a Kinak, que utilizó su aliento asesino para hacer volar al marido lejos, muy lejos, y no se le volvió a ver. El hijo de Taku se convirtió en un gran cazador, pero desafortunadamente heredó el temperamento malvado de su padre. Cuando el hijo comenzó a matar a los cazadores de la competencia, Kinak acabó por eliminarlo a él también.

. . .

NANUQ/NANOOK

Nanuq es la palabra inuit que significa "oso polar"; a veces también aparece como el Maestro de los Osos, o como el dios de los osos polares.

NUNAM

Como diosa de la tierra, Nunam se considera a veces la esposa de Sila. Lleva un largo abrigo del que cuelgan versiones vivas en miniatura de las de las criaturas terrestres que ha creado (a excepción del caribú) y brazaletes de piel. Se dice que, en sus inicios, Nunam llevaba a los hijos de los hombres en forma de flores en su superficie; las mujeres inuit conseguían hijos arrancando las flores. Se cree que los preciosos zorros almizcleros nacen de grandes huevos plantados en lo más profundo del cuerpo terrenal de Nunam. Antes de que comenzara el tiempo, Sila bajó de los cielos y se unió a Nunam, produciendo el primer hombre (llamado Kallak). Nunam se unió a Kallak para producir la primera mujer; Kallak tomó entonces a la primera mujer como esposa, y los dos poblaron la tierra con humanos.

PUKIMNA/PINGA/MADRE CARIBÚ

Pukimna, la diosa del caribú, llevaba una vida aislada rodeada de enormes rebaños de caribúes, que creaba con sus pantalones y que estaban bajo su control.

· · ·

Cuando el hombre violaba sus tabúes, Pukimna alejaba los rebaños para que los cazadores no pudieran encontrar comida. También se le atribuye la creación de las almas de las morsas (que parece que deberían haber estado bajo la incumbencia de Sedna), y de mantener a las morsas alejadas de los cazadores. Pukimna creó las morsas con sus botas.

Originalmente, el caribú de Pukimna tenía colmillos, como la morsa, pero estos los hacían demasiado peligrosos para los hombres, así que convirtió los colmillos en cuernos. Los animales seguían corriendo demasiado rápido para los cazadores, así que Pukimna los ralentizó engrosando el pelo del vientre, los flancos y la garganta de las bestias para hacerlas menos aerodinámicas. Finalmente, les dio una patada en la cabeza, dejando una abolladura en sus frentes que aún hoy conservan.

SEDNA

Esta diosa del mar, o diosa de los mamíferos marinos, puede ser la deidad más venerada de la mitología inuit.

Es hija de Anguta (dios de una isla costera) e Isarrataitsoq (con quien Sedna compartiría el dios escorpión gigante Kanajuk).

. . .

La leyenda de Sedna dice que estaba tan hambrienta que devoró los dos brazos de su madre y uno de su padre antes de que Anguta pudiera someterla y llevarla al mar en una canoa.

Allí, la arrojó por la borda con la intención de abandonarla. Sin embargo, Sedna se aferró con las manos a la orilla de la canoa. Desesperado, Anguta le cortó los dedos con su cuchillo, enviándola a las profundidades salobres.

Allí, Sedna transformó sus manos sin dedos en aletas, mientras que los dedos se convirtieron en los grandes animales del mar.

Anguta, todavía con un solo brazo, remó de vuelta a la orilla y a su esposa sin brazos. Sedna, ahora transformada en la diosa del mar (pero todavía enfadada por haber sido abandonada), salpicó una ola gigante sobre sus padres, que los arrastró desde la orilla hasta el abismo del mar.

Sedna los obligó entonces a servir en su corte submarina.

Anguta serviría como juez de las almas de los muertos, castigándolas por los tabúes que habían roto en vida.

Cuando el castigo se consideraba justamente cumplido, las almas eran libres de ir a la tierra de los muertos, llamada Adlivun, donde vivían felices mientras esperaban la reencarnación.

SEQINEK

La diosa del sol, Seqinek, sostiene su antorcha (el sol) en alto mientras corre por el cielo diurno para escapar de su lascivo hermano, el dios de la luna Tatqimt. Él está muy por detrás de ella, llevando su antorcha medio apagada (la luna) a través de los oscuros cielos de la noche. Seqinek llega a su hogar compartido al anochecer, entra justo después de que Tatqimt haya salido a su persecución nocturna; los dos nunca están en la casa al mismo tiempo.

SILA/SILLA/SILAP INUA/HILAP INUA/HILLA

Sila es el dios del cielo, del clima y del viento (considerado la fuerza vital de la creación). El viento se consideraba "el aliento del mundo", lo que convierte a Sila en la deidad de la respiración humana y animal. La fuerza vital fluía de Sila al nacer y volvía a Sila al morir. Dado que el canto, la narración y el tarareo requieren la respiración, Sila también supervisa estas cosas, así como la inspiración creativa.

. . .

Se dice que los susurros de la intuición proceden de Sila; el fastidio de la conciencia también se atribuye a Sila. Él crea la nieve dejando que sus virutas de marfil caigan a la tierra mientras talla. Se le representa afeitado y con el pecho desnudo por el clima helado que crea.

TAPASUMA

Tapasuma es la diosa del más allá celestial (contraparte de Sedna, que rige el más allá acuático). Las dos vidas posteriores son el resultado de la ubicación de los grupos que las defienden: los inuit de la costa se aferran a la otra vida submarina de Sedna (Adlivun), mientras que los inuit intercontinentales creen en el reino celestial de Tapasuma (Udlormiat, la tierra de la luz perpetua).

En ambos, los castigos y las recompensas dependen de la observancia exitosa de varios tabúes durante la vida del alma. La tierra se ve como un iglú gigante, y se dice que las estrellas son agujeros en el techo del iglú por donde entra la luz de Udlormiat. Las almas en Udlormiat tienen mucha comida, calor y tiempo libre, gran parte del cual se dedica a jugar a la versión inuit del fútbol. Se dice que la aurora boreal son las almas moviéndose de un lado a otro en el campo de juego. Cuando por fin las almas se aburren de Udlormiat, se presentan a Tapasuma para reencarnarse en la tierra.

. . .

TATQIMT/TARQEQ/TARQIUP INUA

El dios de la luna Tatqimt lleva su antorcha parcialmente encendida (la luna) mientras persigue lujuriosamente a su hermana Seqinek, cuya antorcha completamente iluminada es el sol. Tatqimt es importante para el ciclo de la reencarnación: cuando las almas de los muertos están listas para reencarnarse, la diosa Tapasuma pide a Tatqimt que lleve las almas de vuelta a la tierra y le da instrucciones sobre la forma en que debe reencarnar cada alma. En su gigantesco trineo de perros tirado por cuatro enormes perros (o sólo uno realmente enorme), Tatqimt transporta las almas a la tierra en las noches sin luna (lo que explica que la luna esté ausente del cielo durante esos pocos días de cada mes). Tatqimt también controla las mareas (vitales para los inuit) y supervisa la caza, lo que le convierte en el dios más importante del panteón inuit.

9

ESTADOS UNIDOS

Los Estados Unidos comenzaron como un conjunto de colonias pertenecientes a Inglaterra. Antes de explorar la tierra, los franceses y los españoles habían reclamado para sí enormes porciones del Nuevo Mundo. Decenas de millones de colonos llegaron y se extendieron por las vastas tierras "no descubiertas", para toparse con los pueblos que las habían habitado durante milenios.

La gente que había desarraigado sus vidas y vendido todo para tener una oportunidad de una nueva vida en Estados Unidos no estaba contenta con la idea de tener que compartir "su" tierra con los pueblos indígenas, sobre todo cuando esos pueblos eran considerados "salvajes".

. . .

En el transcurso de un par de cientos de años, la población nativa había sido prácticamente eliminada de la faz de la tierra. Los supervivientes fueron empujados a "reservas" (como si estas tierras fueran un regalo especial del gobierno) y esencialmente se les dejó marchitarse por enfermedades y el hambre.

LOS NATIVOS AMERICANOS

La historia de los pueblos indígenas de América no comenzó con la llegada de los primeros europeos.

Comenzó, en cambio, hace unos dieciséis mil años, cuando la última cuando la última Edad de Hielo cedió y los grandes mantos glaciares que cubrían gran parte de América del Norte comenzaron a derretirse. Las investigaciones genéticas actuales indican que un pequeño grupo de personas del extremo oriental de Rusia comenzó a moverse a través del Estrecho de Bering a las nuevas tierras de las Américas tan pronto como el hielo se retiró.

Aunque no estamos seguros de cuándo exactamente los migrantes rusos llegaron a las Américas, es generalmente acordado que entre 10.000 a 8.000 A.C. los habitantes estaban pasando de ser cazadores-recolectores a un modo de vida más agrícola. Desarrollaron asentamientos permanentes y perfeccionaron las artes de la cerámica, el tejido en telar y la crianza de animales. Con los avances en la civilización y menos tiempo dedicado a seguir los rebaños de pastoreo, llegó un poco más de tiempo libre y la búsqueda de artes como la narración, la música y la religión.

A pesar de la evidencia de que los pueblos indígenas descienden de un grupo ancestral común (excepto los nativos de Alaska, que llegaron en una migración mucho más tardía), la mitología y el folclore de estos pueblos varía considerablemente según la geografía. Las similitudes en el estilo artístico y la ilustración pueden apreciarse en los grupos de la costa del Pacífico y de América del Sur (como los incas), pero la mitología se vio afectada por las diferencias de clima y modo de vida de las tribus.

Los pueblos subárticos de América del Norte pueden dividirse en dos grupos distintos: las tribus de habla algonquina del continente oriental, como los Algonquin, Cree, Innu y Ojibwa, y las tribus de habla Athabaskan del continente occidental, como los Chipewyan, Hupa y Tolowa. Los lenguajes nativos del sudoeste, como los apaches occidentales y los navajos, también son athabascos.

· · ·

DIOSES Y DIOSAS NATIVOS AMERICANOS DE LAS TRIBUS SUROESTE

Es útil examinar los mitos de los nativos americanos en relación con la geografía de las tribus.

DIYIN DINE'É

Los Diyin Dine'é son el "Pueblo Santo" de la leyenda Navaho. Describiéndose no como "dioses", sino más bien como seres inmortales, los Diyin Dine'é crearon el sol, la luna, las estrellas y las constelaciones. Los nombres del Pueblo Santo son los siguientes:

Haashch'éélti'í (Dios Parlante): Su cuerpo es blanco, y es del Tercer Mundo.

Tó Neinilí (Rociador de Agua): Su cuerpo es azul. Es el gobernante de la lluvia y proviene del Tercer Mundo.

Haashch'éé'ooghaan (Dios de la Casa o del Hogar): Su cuerpo es amarillo. Es del Tercer Mundo.

. . .

Haashch'ééshzhiní (o el Negro Yé'ii): Este gobernante del fuego ayudó a convertir a Niño Turquesa en el sol y es del Tercer Mundo.

Ma'iito'í Álchíní (Gran Coyote que se formó en el agua): Este es uno de las cuatro primeras Personas Sagradas originales del Primer Mundo.

Áltsé Hashké (Coyote que se llama Primer Enfado): Este es uno de las cuatro primeras originales Personas Santas del Primer Mundo.

Áltsé Hastiin (Primer Hombre): Este es uno de los cuatro primeros pueblos santos originales del Primer Mundo.

Áltsé asdzaá (Primera Mujer): Es una de las cuatro primeras Personas Santas originales del Primer Mundo.

KACHINA (INGLÉS)/ KATSINA (HOPI)/ KÖKÖLE (ZUNI)

Los kachina son seres espirituales (similares a los tótems en otras culturas nativas) que encarnan ciertos aspectos de la vida entre las tribus Pueblo del suroeste de los Estados Unidos (especialmente los Hopi y los Zuni). Cada kachina tiene tres aspectos: el espíritu, los bailarines kachina y las muñecas kachina. Se cree que las muñecas albergan a los espíritus, por lo que las muñecas sólo se entregan a quienes se cree que son capaces de cuidar del espíritu y darle el respeto que se merece. Las muñecas son muy populares como artículos turísticos, pero las tribus para las que son sagradas no las venden.

Otras tribus de la región (especialmente los Navaho) han creado copias de las muñecas, que se venden a los turistas.

Los bailarines de kachina se consideran la encarnación temporal de los espíritus, y sólo aparecen en ocasiones especiales.

WUYA

Los wuya son los más importantes de los kachina hopi. Ocupan un lugar más alto en la jerarquía de los espíritus, y suelen representar los aspectos más vitales de la cultura del pueblo. He aquí algunos de los wuya.

Ahul: espíritu del cielo y del sol.

· · ·

Alosaka: espíritu del crecimiento de las cosechas (normalmente se ve en pareja con Muyingua, espíritu de la germinación de las semillas).

Angak: espíritu de la curación; figura masculina protectora (nombre en inglés: Longhair Kachina).

Angwusnasomtaka/Tümas: espíritu de la iniciación de los niños (nombre en inglés: Crow Mother).

Eototo: espíritu de la naturaleza, portador de las nubes (nombre en inglés: Cloud Dancer).

Kokopelli: espíritu de la fertilidad, supervisa los partos y la fertilidad. Un embaucador, también está a cargo de la música, y a menudo se le representa como un flautista jorobado.

Nataska/Nata'aska: espíritu guardián de Soyok Wuhti (Mujer Monstruo); ejecutor del buen comportamiento de los niños (nombre en inglés: Uncle Ogre).

. . .

Patung: espíritu de la curación y de la siembra del maíz; puede transformarse en tejón (nombre en inglés: Squash).

Toho: espíritu de la caza (nombre en inglés: Mountain Lion Kachina).

YÉ'II

Es un término general para designar a los seres espirituales en la mitología Navaho. Los Diyin Dine'é (el Pueblo Santo) son considerados la orden más alta de los Yé'ii, pero hay otras más.

Los gobernantes de los cuatro mares:

Tééhooltsódii: La gran criatura acuática, el que agarra las cosas en el agua. Gobernador del Mar del Este. Monstruo femenino.

Táltl'ááh álééh: Gobernante del Mar del Sur.

Ch'al: Rana. Gobernante del Mar al Oeste.

Ii'ni' Jilgaii: Trueno de Invierno. Gobernador del Gran Océano del Norte.

Nílch'i Dine'é: el Pueblo de los Espíritus del Aire (también El Pueblo de los Murciélagos).

Nílch'i Ligai: el Viento Blanco.

Nílch'i Ha'aahd'go: el Viento del Este.

Jóhonaa'éí (Navaho): El Sol, el que gobierna el día.

Tl'éhonaa'éí (Navaho): La Luna, la que gobierna la noche.

Asdzáá Nádleehé (Navaho): Mujer cambiante; representa el primer período de una joven y su cambio de niña a mujer.

Na'ashjé'ii Asdzáá (Navaho): La mujer araña, que sabe tejer telas con las fibras de las plantas. Enseñó a hilar al Primer Hombre y a la Primera Mujer.

Naayéé' Neizghání (Navaho): Cazador de monstruos; el mayor de los hijos gemelos de Mujer Cambiante, por el dios del sol Jóhonaa'éí.

Na'ídígishí (navajo): El que corta la vida al enemigo (también conocido como Tóbájíshchíní, Niño del Agua); el más joven de los hijos gemelos de la Mujer Cambiante, por el dios del sol Jóhonaa'éí.

Hazéítsoh (Navaho): el Espíritu de la Ardilla de Tierra; puede parecerse a un anciano pequeño que lleva una gorra con una pluma. Los rostros de todas las ardillas de tierra hoy en día llevan vetas rojas de la sangre del Monstruo de los Cuernos asesinado.

AFROAMERICANOS

No todos los afroamericanos se identifican como afrodescendientes; especialmente con respecto a los países del Caribe, algunos afroamericanos se identifican como haitianos, jamaicanos o dominicanos, por ejemplo. La llegada de los europeos imperialistas tuvo como consecuencia -al igual que en otras partes del Nuevo Mundo- la muerte masiva de las poblaciones indígenas de las islas debido a la exposición a enfermedades desconocidas del Viejo Mundo, como la viruela, el sarampión, el tifus y el cólera.

Esta despoblación abrió el camino a la mano de obra esclava africana en el Caribe y el establecimiento de poblaciones afroamericanas allí. Los africanos occidentales trabajaron en las vastas y lucrativas plantaciones de azúcar, que produjeron casi el 90 por ciento del azúcar que se consumía en el mundo durante los siglos XVII y XVIII. Cuando se prohibió la esclavitud, se apartó a los antiguos esclavos y se trajeron "sirvientes" de China, India y otros países para trabajar los campos.

El cultivo de la caña de azúcar fue devastador para la ecología de las islas, lo que provocó el agotamiento de los suelos, la desnudez de las laderas y la contaminación del agua. La producción de las grandes plantaciones disminuyó bastante en el siglo XIX y las potencias imperiales, como Inglaterra, Francia, España y EE.UU., prácticamente abandonaron el Caribe, con la excepción de algunas pequeñas explotaciones que cada nación convirtió en poco más que lugares de recreo para los ricos.

Los africanos occidentales restantes se convirtieron en la población "nativa" de las islas. Muchos de estos pueblos emigraron a Estados Unidos y trajeron consigo sus leyendas y cuentos populares no sólo de África Occidental, sino también de las culturas que se desarrollaron en las islas. La más conocida es el vudú.

El vudú (existen varias formas de su escritura) es una religión que tiene sus raíces en las prácticas y creencias religiosas de África Occidental. Los africanos esclavizados trajeron esta religión a las islas del Caribe y la cultivaron como medio de rebelión contra sus esclavizadores. Hay muchas ramas diferentes de vudú (vudú cubano, vudú dominicano, vudú puertorriqueño, etc.), pero en esta sección nos referiremos principalmente al vudú haitiano y al de Luisiana.

Los grupos de esclavos que llevaron las raíces del vudú a las islas (en particular la isla de Santo Domingo, que acabó convirtiéndose en Haití y la República Dominicana) procedían principalmente de un reino africano que existía en el siglo XVII, en lo que hoy es Nigeria, Togo y Benín. La palabra vudú procede del dialecto fon de la región y significa "espíritu" o "dios". A medida que los esclavos de otras partes de África Occidental se mezclaron con los practicantes del original vodú, así como con los restos de poblaciones indígenas americanas, surgió una religión única y propia.

Cuando el catolicismo fue impuesto a los esclavos por los asustados propietarios blancos de las plantaciones, los rituales de esa religión se añadieron al sistema de creencias emergente de los esclavos, y la religión vodú original de África Occidental renació como vudú.

El término para las religiones que surgen de una mezcla de varias religiones en una sola práctica es una religión sincrética. La clase alta moderna ya no practica el vudú, sino el catolicismo, aunque muchos de las clases más pobres aún siguen las tradiciones del vudú.

Nueva Orleans se fundó en 1718 y se convirtió en la capital del territorio francés de Luisiana. La ciudad fue establecida por la Compañía Francesa del Misisipi para que sirviera de puerto de aprovisionamiento en el Caribe y de envío de azúcar refinado a Europa.

También fue un campo de esclavos donde los más amargos y enfadados eran llevados para ser "domesticados" y vendidos a los dueños de las plantaciones. La ciudad formó parte de la compra del territorio de Luisiana por parte de EE.UU. en 1803, y ese cambio de propiedad coincidió con una serie de levantamientos de esclavos en Haití, alimentados por las creencias espirituales de la religión vudú. Las revueltas acabaron expulsando a los franceses de la isla, y la mayoría de ellos huyeron a Nueva Orleans, llevándose a muchos de sus esclavos francófonos y que practicaban el vudú. Así, el vudú se estableció en Nueva Orleans y se extendió a otros lugares de los Estados Unidos; cambió a medida que se extendía, convirtiéndose en un sistema de creencias bien establecido, aunque muy variable.

A diferencia de las religiones de muchas poblaciones indígenas, el vudú es monoteísta. Esta teología es el corazón del catolicismo, que sabemos que tuvo una gran influencia en el vudú. En la práctica, los creyentes del vudú, llamados Vodouisants, superponen los santos católicos sobre sus propios dioses/espíritus nativos para evitar las estrictas limitaciones impuestas a la práctica de sus religiones africanas.

El vudú no es la única religión importada del Caribe, por supuesto. La Santería Lucumi (de Cuba), el Espiritismo (Puerto Rico), la Kumina (Jamaica) y Quimbois (Martinica), así como prácticas de partes de América Latina y del Sur también ganaron adeptos en Estados Unidos.

Es importante entender que al examinar las influencias religiosas en afroamericanos debemos incluir las principales religiones -en particular el cristianismo y el islam, y en menor medida el judaísmo. Aunque el catolicismo se impuso a muchos de los primeros afroamericanos del Nuevo Mundo, un gran número de ellos abrazaron voluntariamente varias religiones cristianas, especialmente las sectas metodista y bautista.

Aproximadamente el 80% de los afroamericanos se identifican como cristianos, y entre el 2% y el 8% se identifican como musulmanes. Por lo tanto, aunque hablemos de religiones sincréticas en esta discusión, hay que reconocer que estas religiones se aplican a un número relativamente pequeño de afroamericanos.

SUPERSTICIONES AMERICANAS

Un gran número de supersticiones americanas son el resultado de nuestra herencia multicultural. He aquí algunas de ellas.

Se dice que se debe "tocar madera" para evitar la mala suerte que resulta de hablar de un tema tabú, o por cometer accidentalmente un acto de mala suerte (como derramar el salero). La creencia surge de la mitología pagana, según la cual los espíritus benévolos viven en los árboles y que tocar el árbol permite aprovechar la bondad del espíritu que hay en su interior.

"Si ves un centavo, cógelo y tendrás buena suerte todo el día". Esta extravagante superstición es divertida porque se supone que la frase se canta junto con el acto de recoger el centavo. Esencialmente, esto equivale a una invocación para alejar a los demonios que podrían estar pensando en hacerte daño.

Esto funciona con cualquier moneda, no sólo con los peniques. Tenga en cuenta, sin embargo, que la moneda debe estar boca arriba; boca abajo anula la suerte.

Que las malas noticias (o la muerte) vienen de tres en tres es una curiosa superstición que parece ser más relevante cuando se refiere a la muerte de celebridades u otras personas notables, más que al público en general. Los "tres" se consideran generalmente cósmicamente "equilibrados" (considérese la Trinidad cristiana o la Trimurti hindú), por lo que esta superstición puede estar relacionada con las Parcas, semidiosas místicas de la mitología griega que determinan la duración de la vida de los mortales. Hay tres Parcas: Clotho ("La hilandera" del hilo de la vida), Lachesis ("Láquesis ("la repartidora", que determina la longitud del hilo) y Átropos ("la inflexible", que corta el hilo).

La suerte del principiante pretende ser humillante, con su implicación de que el "jugador exitoso", ya sea en los juegos de azar o en los riesgos de la vida, debe su éxito a una fuerza mística con la que no se puede contar para tener éxito de nuevo. En otras palabras, no te arriesgues.

Juega a lo seguro, porque la próxima vez fracasarás. Esta es una postura muy antiindividual/procomunitaria.

Desear algo al ver una estrella fugaz es casi mágico: la creencia de que la muerte de un cuerpo celeste es de alguna manera fortuita para los terrestres es casi pecaminosa; probablemente habría sido mal visto como "pagano" por la Iglesia.

Cruzar los dedos para tener suerte proviene de la creencia en el poder de la Santa Cruz, por lo que "cruzar los dedos" connota una especie de bendición en el próximo esfuerzo (incluso si ese esfuerzo es sólo un intento de gol de campo después de un touchdown).

Curiosamente, muchos niños (y no pocos adultos) también creen que "cruzar los dedos" -especialmente cuando se oculta a la vista- anula de algún modo cualquier promesa que se haga mientras esos dedos están cruzados. Es una forma de excusar tu intención de mentir a pesar de tu promesa de comportarte. Los padres, sin embargo, no comparten la misma creencia en la excusa de los dedos cruzados.

Los tréboles de cuatro hojas de la suerte son una superstición irlandesa que se deriva de su creencia de que un trébol (con sus tres hojas) representa a la Santísima Trinidad (una creencia que surgió tras la introducción del cristianismo en Irlanda).

Las hojas del trébol representan la fe (Dios), el amor (Jesús) y la esperanza (el Espíritu Santo); la cuarta hoja, sin embargo, representa la suerte, y la rareza de la cuarta hoja confiere a la tradición un estatus mágico.

El número 13 es malo, el 7 es bueno, el 666 es mortal.

¿Pero por qué? Bueno, había 12 apóstoles en la Última Cena, a menos que se cuente a Judas, que traicionó a Cristo. La traición de Judas y su condición de decimotercer apóstol ha arrojado para siempre el número 13 en el pozo de fuego de los números terribles, si eres cristiano.

En la misma línea, el 666 es bíblico; es el "número de la bestia", anunciando la llegada del anticristo en el Apocalipsis al final del Nuevo Testamento:

El 7 es afortunado por muchas razones: la astronomía clásica señaló siete cuerpos celestes que eran visibles a simple vista: el sol, la luna, Mercurio, Venus, Marte, Júpiter y Saturno. Varias religiones nombraron a siete dioses principales para gobernar estos planetas (los griegos y romanos, los egipcios y los japoneses).

. . .

Los árabes construyeron siete templos sagrados; los hindúes describen siete chakras; el budismo describe siete encarnaciones de Buda.

El Antiguo Testamento está repleto de sietes: el mundo se creó en seis días, más un día de descanso; el templo del rey Salomón tardó siete años en construirse; la Torá hebrea describe cada séptimo año del calendario judío como un año sagrado; la Cábala utiliza una pulsera de cuerda roja con siete nudos para evitar el mal de ojo. Hay siete sellos en el Apocalipsis para que se produzca el Armagedón; hay siete pecados capitales, siete plagas en Egipto, siete virtudes celestiales y siete sacramentos; la shiva se celebra durante siete días.

Hay siete colinas de Roma, y siete mares; hay siete continentes, siete maravillas del mundo, siete colores en el espectro visible (piensa en el arco iris) y siete notas musicales en una escala. Y no hay que olvidar a los siete enanos.

Místicamente hablando, el séptimo hijo de un séptimo hijo será un vidente, mientras que la séptima hija de una séptima hija será una bruja.

10

MÉXICO Y AMÉRICA CENTRAL

La historia de México es larga y llena de historias, marcada por siglos de ocupación y conquista indígena. Habitado por primera vez hace más de trece mil años, fue la misma ola migratoria que cruzó el puente terrestre de Bering tras la última glaciación que trajo a la región lo que se convertiría en la población "indígena" de México, y muchos de ellos siguieron desplazándose hacia el sur, a través de América Central.

Existen varias civilizaciones avanzadas en México y América Central, empezando por los olmecas.

Los olmecas florecieron desde el año 1500 hasta el 400 a.C., estableciendo el marco para las demás civilizaciones que les seguirán.

La religión olmeca se basaba en las acciones de los sacerdotes y chamanes, y dependía de la élite gobernante para que actuara como puente entre los dioses y el pueblo. Los olmecas no dejaron constancia escrita de su mitología, aunque se ha descubierto que la conocida "Serpiente Emplumada" y una deidad de la lluvia formaban parte del panteón. Se desconoce el nombre olmeca del dios Serpiente Emplumada.

LOS MAYAS

La siguiente gran civilización que siguió a los olmecas fue la maya, con la primera de las grandes ciudades mayas que surgió alrededor del año 750 a.C., y continuó hasta un importante colapso del sistema alrededor del año 900 de la era cristiana. El colapso no resultó en la desaparición de la población maya, sino que se produjo un desplazamiento de esta civilización de los centros urbanos, como Tikal, a las zonas bajas de la selva alrededor de Guatemala y Belice, a la península de Yucatán, más seca, en el sureste de México.

En Yucatán se construyó la gran ciudad de Chichén Itzá, que fue dedicada a la Serpiente Emplumada, ahora llamada Kukulkán. Este dios tenía sus raíces en la sociedad maya anterior al colapso y era conocido entonces como Waxaklahun Ubah Kan, la Serpiente de la Guerra.

De nuevo, gran parte de su mitología es desconocida. El complejo de Chichén Itzá, aunque sorprendente, era significativamente menor que los construidos antes del colapso maya, marcado por menos construcciones arquitectónicas monumentales.

Un precepto conocido de la mitología maya era la idea de un "rey divino". Al igual que los faraones de Egipto, se creía que el rey maya descendía directamente de los dioses. Por eso el linaje real era tan importante. La sangre de los dioses debía permanecer inmaculada, sin mezclarse con la gente común, para que el dios-rey no perdiera sus poderes y pudiera realizar los rituales requeridos para mantener la civilización maya funcionando sin problemas.

La realeza pasaba de padre a hijo mayor, y con ella el poder de los dioses. Ciudades importantes como Chichén Itzá tenían templos-pirámides coronados por altares, donde se realizaban los rituales de derramamiento de sangre y sacrificios humanos. El panteón mesoamericano (incluido el de los mayas) evolucionó a partir de las primeras religiones primitivas de culto a los elementos (fuego, agua, tierra, naturaleza); la adición de los cuerpos astrales (el sol, la luna, los planetas y las estrellas) amplió la ideología, al igual que la introducción de deidades zoomorfas.

MITOS Y LEYENDAS MEXICANOS CONTEMPORÁNEOS

Cuando observamos los mitos y leyendas mexicanos contemporáneos, vemos mucho de sus ancestrales antepasados nativos americanos, así como la enorme influencia del catolicismo, que llegó con los conquistadores españoles. Más del 80 por ciento de los adultos mexicanos se identifican como católicos (más de 96 millones de personas), frente a sólo el 20% de los ciudadanos estadounidenses que se identifican como tales. Como los mexicanos descienden de pueblos indígenas, españoles y mestizos, también sus leyendas y su folclore representan una mezcla de orígenes. Un ejemplo son los chacs, antiguos espíritus de la lluvia que se dice que son controlados por Jesucristo.

Pero podría decirse que es la Virgen de Guadalupe la figura religiosa mexicana más reconocida y venerada.

Desde su aparición milagrosa a un campesino llamado Juan Diego en 1531, la Virgen es alabada como un ser divino y se le atribuye haber detenido la propagación de epidemias, así como de inspirar movimientos de liberación e independencia.

. . .

SUPERSTICIONES MEXICANAS Y CENTROAMERICANAS

Las supersticiones de los mexicanos y los pueblos centroamericanos suelen centrarse en torno a los daños corporales. Estas creencias dieron lugar a la creación de milagros, o amuletos a los que se atribuyen poderes mágicos de curación y protección. Algunas de las supersticiones más comunes en estas regiones son las siguientes:

Poner un sombrero en la cama trae mala suerte.

Limpiarse con un huevo puede alejar el mal de ojo, especialmente contra los niños. Un huevo crudo sobre el cuerpo de la víctima se usa para absorber la mala energía. El mismo huevo se rompe en un cuenco de agua y se coloca bajo la cama de la víctima durante la noche. Si el huevo se cuaja, la persona se ha curado del mal de ojo.

Poner el bolso en el suelo hará que te vuelvas pobre.

Si alguien te barre los pies y estás soltero, nunca te casarás.

. . .

Poner una escoba al revés detrás de tu puerta hará que los invitados no deseados se vayan.

Decorar tu casa con conchas marinas da mala suerte.

Mantener un vaso de agua lleno encima de la nevera o detrás de una puerta se usa para absorber energía negativa del hogar.

No planches la ropa y luego vayas a lavarte las manos: si lo haces, te dará artritis.

Salir a la calle en una repentina ola de frío puede hacer que te quedes ciego. Asimismo, si sale a la calle después de haber comido demasiado, se le paralizará la cara.

Come chocolate si te pica un escorpión.

Si se te cae una tortilla al suelo, se avecina compañía.

Si duermes con un perro o un gato, te quedarás estéril.

· · ·

No le des a nadie un salero: da mala suerte. Deja el salero delante de ellos y deja que lo coja él mismo.

Si miras fijamente a un perro mientras defeca, te saldrá un grano en el ojo.

No señales un arco iris o te saldrá un grano en la nariz.

Si ves algo feo mientras estás embarazada, tu bebé saldrá feo también.

No te bañes durante el embarazo o el agua sucia llegará a tu bebé.

Los bebés que no escuchan música mientras están en el útero saldrán sordos.

Si sonríes a un bebé, asegúrate de tocarlo o harás que enferme.

No le cortes las uñas a tu hijo antes de que cumpla un año o tendrá mala visión.

Come doce uvas a medianoche en Nochevieja, una por cada campanada de la medianoche. Pide un deseo por cada uva que comas.

Haz una maleta y da una vuelta a la manzana en Nochevieja para asegurarte un viaje seguro y buena suerte.

Tirar un cubo de agua por la ventana en Nochevieja ayudará a limpiar el año pasado y a empezar limpio el nuevo año.

Cuéntale a alguien tus pesadillas para evitar que se hagan realidad.

Cuando los perros aúllan, la muerte está cerca.

11

SUDAMÉRICA

AMÉRICA DEL SUR se encuentra en su mayor parte en el hemisferio sur; las montañas abrazan la costa occidental, mientras que las selvas de la cuenca del Amazonas ocupan la mayor parte de la mitad norte del continente.

El país más grande es Brasil, la quinta nación más grande del mundo y mayor en tamaño que el continente de Australia (con casi diez veces la población de ese país).

Brasil es también el único país de Sudamérica que habla portugués; fue reclamado para Portugal en 1500 por el explorador Pedro Cabral.

. . .

Aunque no se puede minimizar el impacto de la conquista europea en la historia reciente de América del Sur, sí se puede decir que la influencia de los pueblos indígenas -en particular los incas- fue mayor, en particular desde los incas, que es la que más ha dejado su huella en la mitología del continente.

Las pruebas de la ocupación humana de Sudamérica se remontan a unos once mil años e incluye una variedad de tribus nativas, como los arawaks, los guaraníes y los tupis. Muchas de estas tribus estaban divididas por prácticas religiosas y estratificación social, al igual que un gran número de pueblos indígenas. Las relaciones tribales estaban marcadas por una guerra constante por las costumbres sociales, los recursos y las instituciones culturales.

LOS INCAS

Los incas fueron para Sudamérica lo que los mayas fueron para Centroamérica y México. El vasto imperio incaico, que floreció entre 1400 y 1533, cubrió en su apogeo toda la mitad occidental del continente, desde Ecuador hasta Chile, convirtiéndose en el mayor imperio de las Américas y el mayor imperio del mundo en ese momento.

. . .

El centro de la civilización incaica se encontraba en lo que hoy es Perú, y su capital era Cusco/Cuzco/Qosqo. Actualmente está catalogada como Patrimonio de la Humanidad de la UNESCO. Esta ciudad fue trazada en forma de puma (león de montaña) o jaguar (también sagrado para los mayas) y albergaba una población de aproximadamente 150.000 personas. El centro del sitio era el Templo del Sol, situado en el complejo religioso conocido como Coricancha/ Qorikancha. El complejo ocupaba la zona de la cola del jaguar/puma, y estaba dedicado a varios dioses del panteón inca, incluyendo a Viracocha, el dios creador, Quilla, la diosa de la luna (también Mama Kilya), y sobre todo a Inti, el dios del sol.

Los incas creían que eran descendientes de Inti. Las leyendas aún dicen que Coricancha era una ciudad de oro, con extensas capas de láminas de oro en las puertas y otros elementos arquitectónicos, junto con el tachonado de gemas preciosas (especialmente esmeraldas) en en los edificios, lo que hizo que los españoles (liderados por Pizarro) invadieran Perú. Los incas creían que el oro era el sudor del sol, mientras que la plata era las lágrimas de la luna.

SUPERSTICIONES SUDAMERICANAS
Estas son algunas supersticiones sudamericanas:

· · ·

Soñar que se te caen los dientes significa que habrá una muerte en la familia.

No pongas tu bolso o cartera en el suelo para no perder todo tu dinero.

Además de que los gatos negros dan mala suerte, dormir con un gato (o un perro) hará que te vuelvas infértil.

Quien mire demasiado tiempo a un recién nacido puede echarle el mal de ojo; dale al bebé una pulsera especial (azabache) o un collar para evitarlo.

Barrer los pies de una mujer soltera con una escoba le impedirá casarse.

Decorar tu casa con conchas marinas da mala suerte. Los espíritus malignos pueden esconderse dentro de las conchas.

No te rasques esa palma que te pica. Métela en el bolsillo porque eso quiere decir que el dinero viene.

• • •

Si le cortas el pelo a un bebé antes de que aprenda a caminar, retrasarás sus primeros pasos. Si se lo cortas antes de que aprenda a hablar, nunca lo hará.

Un vaso de agua lleno encima de la nevera absorberá la energía negativa de los espíritus malignos o de los visitantes desagradables y mantendrá el hogar feliz.

Un zumbido en los oídos significa que alguien está hablando de ti. Para anular cualquier malicia que puedan propagar, muérdase la lengua.

Pegar un trozo de pan en el techo o encima de una puerta sirve para ahuyentar a los malos espíritus.

Llevar bragas rojas en Nochevieja te ayudará a encontrar tu alma gemela y traerá buena suerte. Golpear fuertemente ollas y sartenes también trae buena suerte.

Poner un puñado de centavos debajo de las alfombras de una casa nueva atrae la buena suerte y una economía sana.

. . .

Comer un mango con leche te matará.

El símbolo de un elefante con la trompa al aire trae riqueza financiera. (Curiosamente, no hay elefantes en Sudamérica).

No vayas descalzo por la casa o te resfriarás.

Si la primera mariposa que ves en primavera es blanca, tendrás suerte todo el año.

Los cubiertos son místicos, y si se te cae un cuchillo al suelo significa que empezará una pelea; si se te cae un tenedor, vendrá un visitante masculino a tu casa; si se te cae una cuchara, el visitante será una mujer.

Viste de blanco en Nochevieja para tener buena suerte. Como es pleno verano en Sudamérica, también sería un atuendo fresco y cómodo.

Un trozo de sal de roca en la esquina de una habitación ahuyentará a los demonios.

. . .

En otras partes del mundo, la sal también se utiliza para ahuyentar -o contener- demonios y fantasmas.

12

EUROPA

El imperialismo de los países europeos dio paso a la "Era de los Descubrimientos", que difundió las creencias cristianas de los blancos por todo el mundo, a menudo con la imposición brutal de esas ideas a las poblaciones endémicas. Los efectos de estas prácticas condujeron a la homogeneización de muchas culturas originarias, y a la destrucción de muchas otras.

Así pues, aunque la mitología europea se ha conformado de la exposición a muchas y variadas religiones y culturas, gran parte de la diversidad y originalidad de esas mismas ha desaparecido por completo. Sin embargo, la mitología europea sigue siendo la fuente de la mayoría de los cuentos y tradiciones familiares de la civilización occidental.

· · ·

EUROPA ORIENTAL

El país más importante en términos de tamaño y población es Rusia. Aunque dos tercios de la masa terrestre de Rusia se encuentran físicamente en el continente asiático, dos tercios de la población residen en la parte más pequeña del país, que se encuentra en el continente europeo. Por esta razón, Rusia se considera una nación europea. Así, la contribución de Rusia a la mitología y el folclore de todo el continente europeo no puede ser puesta de lado.

El folclore ruso tiene básicamente dos influencias principales: las creencias religiosas paganas y supersticiones de los antiguos pueblos eslavos, así como las historias y creencias que surgieron tras la adopción del cristianismo ortodoxo y/o el catolicismo romano. Los eslavos eran pueblos seminómadas de las estepas que se dividían en tribus (de forma muy parecida a los pueblos de América del Norte) según sus creencias y prácticas religiosas, así como en diferencias culturales.

Es difícil descubrir las mitologías de los eslavos, ya que las tribus eran históricamente analfabetas y transmitían sus conocimientos e historias a través de la tradición oral.

. . .

Lo que se ha escrito puede estar muy tergiversado por el filtro del cristianismo ortodoxo que practicaban los escribas y sacerdotes.

Las religiones eslavas parecen estar basadas en el mismo politeísmo general que compartían los pueblos prehistóricos de Europa. Las diferencias fueron generalmente localizadas, y típicamente resultaron en diferentes dioses del panteón mutuo a los que las distintas tribus daban importancia. Los eslavos acabaron agrupándose en tres grandes categorías: eslavos orientales (rusos, bielorrusos y ucranianos), eslavos occidentales (checos, eslovacos, polacos), y eslavos del sur (serbios, croatas, eslovenos y búlgaros).

SUPERSTICIONES DE EUROPA DEL ESTE

En general, los europeos del Este tienden a ser más supersticiosos que sus similares de Occidente; en una encuesta reciente, el 50% de los rusos admitió que modificaron su comportamiento para ajustarse a creencias supersticiosas o mágicas. He aquí algunas supersticiones interesantes:

No lleves la ropa al revés. Hacerlo aumenta el riesgo de recibir una paliza.

· · ·

Si lo haces accidentalmente -pero luego la arreglas inmediatamente-, puedes librarte de una paliza si le pides a alguien que te dé un golpe en la espalda.

Las flores sólo deben regalarse en números impares; así, tu ramo puede tener trece, pero no doce. Regalar flores en número par desanimará a quien las reciba, ya que los rusos sólo aceptan flores impares. Los ramos con un número de flores par se destinan a los cementerios.

Si estás a la mitad de un viaje, no des la vuelta para regresar a casa o la mala suerte se apoderará de ti. Si has olvidado algo vital y debes volver, mírate en un espejo antes de salir de casa y reanudar el viaje.

Nunca des la mano por encima de un umbral (tampoco abraces o beses por encima de él). Hay un espíritu de la casa que vive allí, y tus acciones en su espacio podrían molestarle -y eso es una mala idea. En su lugar, entra en la casa, y luego haz tus saludos.

Al igual que ocurre con algunos regalos chinos, obsequiar ciertos objetos domésticos puede ser problemático.

· · ·

Por ejemplo, regalar un objeto con un borde afilado (como un cuchillo o tijeras) puede dar lugar a discusiones con el destinatario. Es posible evitarlo al cobrar un rublo por el regalo, convirtiéndolo así en una "venta" y cambiando su naturaleza.

Regalar un pañuelo puede provocar lágrimas, mientras que regalar un monedero vacío da mala suerte. El monedero debe tener una moneda u otra cantidad de dinero para que el destinatario nunca sea pobre.

Siéntate entre dos personas con el mismo nombre para tener suerte. Si hay dos Ivan o dos Natasha en una fiesta, ponte entre ellos y pide un deseo y se hará realidad. Por supuesto, no le digas a nadie lo que has deseado.

La comida salada significa que el cocinero se ha enamorado, así que no te quejes.

No lamas un cuchillo. Hacerlo te convertirá en una persona malvada (probablemente un mentiroso, ya que sabemos que los mentirosos tienen la lengua partida).

. . .

Si alguien te desea "buena suerte", tu respuesta debe ser "¡al diablo con eso!" o o alguna versión de la misma. Dar las gracias a alguien por desearte suerte provocará la desgracia. Otras versiones de este mito afirman que la primera persona nunca debe decir "buena suerte", sino que debe decir el equivalente ruso de "rómpete una pierna", a lo que tú darías la misma respuesta. De forma similar.

Nunca dejes botellas vacías en la mesa. Tanto si la cuenta de tu fiesta lo decide así o si sigues la tradición de terminar todas las botellas que se abren, las botellas vacías deben colocarse en el suelo debajo de la mesa.

Todos los miembros de un grupo itinerante deben sentarse juntos brevemente antes de seguir adelante. Esto garantiza que todos tengan un viaje seguro.

"Tocar madera" es muy importante en Rusia. No lo dicen en voz alta, y hacen la mímica de escupir por encima del hombro izquierdo tres veces (simbolizando que escupen al ojo del diablo). Si no hay madera cerca, se golpean la cabeza.

. . .

Si pisas accidentalmente el pie de alguien, espera que el tuyo también sea pisado. también. Se cree que devolver la misma ofensa al ofensor evita futuras peleas entre vosotros.

No camines por lados opuestos de un poste si estás con un amigo o un ser querido. Hacerlo significa que la relación terminará. Asegúrate de que ambos pasen por un poste en el mismo lado.

El hipo significa que alguien está pensando en ti.

Silbar dentro de casa da muy mala suerte, y puede hacer que pierdas todo tu dinero.

Los solteros nunca deben sentarse en la esquina de una mesa, o nunca se casarán. Los niños están exentos de esto.

Nunca te sientes directamente en el suelo porque te hará infértil. Esta regla es especialmente válida para las mujeres. Sentarse sobre una manta u otra cubierta del suelo está bien.

. . .

Nunca desees a alguien un feliz cumpleaños antes de la fecha, para que no le ocurra una desgracia. Del mismo modo, no celebres tu propio cumpleaños antes de la fecha real.

EUROPA OCCIDENTAL

Aunque la Europa occidental se ve empequeñecida por su hermano oriental, ha desempeñado un papel importante -si no el más importante- en la determinación de la gobernanza de las naciones del mundo. Europa Occidental (incluyendo las subdivisiones de Europa del Sur y Europa Central) contiene los países de Austria, Bélgica, Croacia, la República Checa, Dinamarca, Estonia, Finlandia, Francia, Alemania, Hungría Irlanda, Italia, Liechtenstein, Luxemburgo, Mónaco, Países Bajos, Noruega, Polonia, Portugal, Eslovaquia, Eslovenia, España, Suecia, Suiza y el Reino Unido, y a veces (según el organismo que lo defina) las naciones más pequeñas de Andorra, Grecia, Islandia, Letonia, Lituania, Malta, Mónaco y San Marino. La República de Turquía es transcontinental, ya que la mayor parte de ella se encuentra en el continente asiático.

El cristianismo es, de lejos, la religión predominante en Europa Occidental: más del 70% de la población se identifica como cristiana.

. . .

Tras el "Gran Cisma" de 1054, el mundo cristiano se dividió en cristianismo occidental (religiones católicas o protestantes que utilizan el alfabeto latino) y el cristianismo oriental (religiones ortodoxas que utilizan el alfabeto griego o cirílico).

La división de Europa según criterios estrictamente religiosos es problemática para países como Grecia, que es abrumadoramente ortodoxa, pero que prácticamente nunca se incluye en lo que se llamaría Europa del Este, por diversas razones.

Además, debido a la influencia de la antigua URSS, países como Hungría, Alemania del Este, Polonia y Rumanía pasaron a asociarse con Europa del Este y Rusia, más que con Occidente (y los llamados países del "Bloque Occidental" que se dividieron por sus lealtades durante la Guerra Fría). La religión (que es la fuente de la mayor parte de la mitología) en Europa Occidental es históricamente católica, hasta el surgimiento del protestantismo en el siglo XVI.

Antes de esto, el fanatismo religioso era frecuente, e incluía el tormento de la Inquisición española, así como guerras religiosas, por ejemplo, las Cruzadas.

· · ·

SUPERSTICIONES DE EUROPA OCCIDENTAL

El viernes 13 es una fecha temida. Esto no es exclusivo de Europa Occidental; muchas culturas creen que los números impares dan mala suerte, entre ellas China, Japón y Estados Unidos. Lo que sí es exclusivo de Europa Occidental es la especificidad del viernes 13.

Se cree que el miedo se originó con la caída de los Caballeros templarios, un grupo muy respetado de antiguos cruzados conocidos por su rectitud y sentido del deber. El rey Felipe IV de Francia necesitaba dinero para financiar sus ambiciones, y sabía que los Templarios supuestamente tenían vastos almacenes de oro de la Tierra Santa.

También estaba muy endeudado con ellos. El viernes 13 de octubre de 1307, se llevó a cabo un ataque masivo coordinado contra las posesiones de los templarios en Francia. Los templarios fueron arrestados y todos sus bienes confiscados. Los templarios fuera de Francia escaparon de este destino, pero Felipe había forzado la mano del Papa Clemente V, y la Orden de los Caballeros Templarios fue finalmente disuelta.

. . .

Las siguientes son otras supersticiones de Europa Occidental:

Decir "¡Bendito sea!" cuando alguien estornuda. Las poblaciones relativamente densas de Europa Occidental permitieron que el azote de la peste se extendiera con bastante facilidad. Varias epidemias masivas de la temida enfermedad borraron a un gran número de personas. La peor de todas fue la peste negra, que se extendió desde Asia a Europa en el otoño de 1347. Cuando terminó, tres años más tarde, aproximadamente un tercio de la población europea había muerto. La costumbre de decir "¡bendito seas!" a quien estornuda es un intento desesperado de invocar al Todopoderoso para que detenga la propagación de la enfermedad.

Cruzar los dedos para tener suerte. Esta práctica puede haber surgido con los arqueros de arco largo de Inglaterra durante la Guerra de los Cien Años con Francia. Supuestamente, los arqueros cruzaban los dedos al tensar las cuerdas del arco; se creía que hacer la "señal de la cruz" secreta ayudaba a atraer la atención de Dios a su objetivo.

Los arqueros devastaron los ejércitos de Francia en la batalla de Crécy en 1346 y en Agincourt en 1415, en la que se estima que los franceses perdieron ocho mil hombres frente a los cien de Inglaterra. En última instancia, los franceses ganaron la guerra, pero los arqueros cambiaron la cara de la batalla para siempre.

Herir o matar a un gato da mala suerte. Aunque muchas culturas de todo el mundo creen que los gatos negros dan mala suerte, esta prohibición de dañar a todos los gatos proviene de Alemania. La famosa Selva Negra de Baviera es el hogar de muchas brujas y monstruos desagradables en el folclore alemán. Como las brujas son como familiares de los felinos, no sería bueno hacer que la bruja se enfadara haciendo daño a su mascota. Matar arañas también se considera de mala suerte, por la misma razón.

Ver a una anciana a primera hora de la mañana da mala suerte; ver a una joven da buena suerte. Los alemanes tienen un gran número de advertencias sobre las mujeres mayores, muchas de las cuales tienen el efecto contrario si se trata de una mujer joven. De nuevo, las brujas parecen tener un vínculo con el motivo de esta superstición.

Un picor en la palma de la mano significa que el dinero te llegará pronto. Esta superstición en realidad se extendió desde los esclavos africanos.

. . .

Una creencia nigeriana dice que un picor en la palma derecha significa que recibirás dinero, mientras que una palma izquierda que pica significa que lo perderás.

No pases por debajo de una escalera abierta. Esta superstición tiene un origen interesante. Parece que la escalera abierta forma un triángulo, una forma conocida por ser especialmente mágica. Caminar por debajo de la escalera rompe la forma mística (y quizás a los diversos espíritus que viven allí), perturbando la simetría y trayendo mala suerte. En algunas tradiciones, puede incluso matarte.

Romper un espejo da siete años de mala suerte. Los espejos no sólo han sido extremadamente costosos a lo largo de la historia, sino que algunas culturas creen que el espejo capta el alma del espectador. Romper el espejo mata el alma, lo que provocará que el espectador muera inevitablemente. Esta misma creencia sigue existiendo en la aversión a ser fotografiado, que prevalece en algunas culturas. La razón de que sean siete años es que este ha sido durante mucho tiempo un número mágico en muchas tradiciones, incluido el cristianismo.

Una herradura da buena suerte. Los caballos son extremadamente importantes para los pueblos nómadas de todo el mundo.

Poseer un caballo es a menudo un signo de riqueza, y conservar cualquier cosa asociada a un caballo, o que muestre una imagen de él, aumenta las posibilidades de obtener riqueza. Asegúrate de colgar tu herradura sobre la puerta con los extremos hacia arriba. Esto evita que la buena suerte se escape de la herradura.

Nadar en agua helada el primer día del Año Nuevo trae buena salud para todo el año. Esta creencia se ha convertido en un fenómeno mundial, creando la fama del "chapuzón del oso polar". Más que por los beneficios para la salud, la moda actual tiene que ver más con el frío del agua y el tiempo que los nadadores pueden permanecer en ella. Esto es más común en los Países Bajos.

Llevar a la novia por encima del umbral da buena suerte. Esta antigua superstición tiene su origen en la creencia en los espíritus de las casas: si la novia tropezara al entrar en su nuevo hogar, los espíritus malignos podrían pillarla desprevenida y entrar en su cuerpo, provocando partos difíciles o incluso esterilidad. Llevar a la novia a través de este peligroso pasaje evita esto.

Si una virgen quiere saber si se casará el año que viene, debe llamar a un gallinero a medianoche en Nochebuena.

Si un gallo grazna, se casará; si grazna una gallina, no lo hará. Esta creencia es muy popular en Alemania.

Si una joven entra de espaldas en un jardín en la víspera de San Juan (el Solsticio de Verano) y coge una rosa, puede descubrir con quién se casará. La rosa debe colocarse cuidadosamente en una bolsa de papel y guardarse en un cajón oscuro hasta la Nochebuena. El día de Navidad, la rosa se saca de la bolsa y se pone en el escote para ir después a la iglesia. El hombre que pida la rosa (o que la tome sin pedirla) será su futuro novio. Es fácil encontrar este ritual en Inglaterra.

Para evitar que los duendes sustituyan a tu hijo, coloca un par de pantalones de hombre sobre la cuna. Los padres alemanes son más propensos a hacer esto.

El cadáver de una persona asesinada sangrará si es tocado por la persona que lo ha matado. En el pasado, tocar el cadáver era una forma de demostrar la culpabilidad -o la inocencia- de haber cometido el asesinato.

Afortunadamente, esta prueba ya no se practica. Era popular en Inglaterra.

13

AUSTRALIA Y OCEANÍA

Existe una increíble variedad en las naciones independientes del Océano Pacífico. La tradición australiana moderna se deriva de sus raíces como colonia penal europea, pero el gran número de tribus aborígenes y los atributos geográficos únicos del continente también han ejercido su influencia.

Las naciones insulares del Pacífico fueron colonizadas por diversos grupos étnicos y políticos; aunque muchos de ellos comparten raíces míticas y religiosas similares, otros han conservado creencias que les son propias. La enorme extensión del océano supuso una verdadera barrera para la homogeneización y permitió el desarrollo de algunas prácticas y creencias realmente interesantes.

. . .

Australia es el continente más pequeño y plano del mundo y es la única nación que gobierna un continente entero, que resulta ser el más seco del mundo. El Outback (el interior del país, en su mayor parte despoblado) recibe unos 25 centímetros de lluvia al año, lo que no es mucho, pero supera con creces los menos de dos centímetros que caen en la parte más seca del Sáhara. El término Oceanía se refiere a todo el conjunto de islas -incluida Australia- a lo largo del Océano Pacífico Sur y Central. La superficie del Pacífico es mayor que la superficie de todas las masas terrestres de la Tierra combinadas.

Hay miles de islas dispersas por el Pacífico, que pueden agruparse en tres grandes categorías: islas continentales (como Australia, Nueva Zelanda y Nueva Guinea), islas altas (también conocidas como islas "volcánicas", como las de Melanesia, y la zona del "Anillo de Fuego" del Pacífico), e islas bajas (como las de Micronesia y Polinesia, incluidas las islas hawaianas). Estos diferentes tipos de grupos de islas se basan en cómo se formaron geológicamente, un tema que va más allá del alcance de este libro.

La mitología de Oceanía es una sinfonía de dioses, leyendas y tradiciones demasiado numerosas para contarlas aquí (incluso Australia tiene más de novecientas tribus aborígenes diferentes). Muchas de las creencias son similares y difieren en los detalles.

Otras son muy diferentes, y sus orígenes están sumergidas en el misterio, como las de la Isla de Pascua.

SUPERSTICIONES AUSTRALIANAS Y OCEÁNICAS

Una vez más, como resultado de la mezcla cultural, las supersticiones de esta región son bastante diferentes de las que se encuentran en otros lugares. Algunas de ellas son:

Matar a un pájaro de cola blanca enfurece al espíritu del pájaro, lo que puede provocar brotes de violencia que matan a la gente.

No pongas un zapato en la mesa. Si lo haces, alguien cercano a ti morirá.

No silbes en los cementerios, un fantasma podría seguirte a casa.

No te cortes las uñas de las manos o de los pies por la noche, o invocarás a los demonios.

. . .

Las "luces MIN MIN" (fenómenos atmosféricos inexplicables) son los espíritus de ancestros muertos que velan por ti. Otros creen que las luces intentan distraer a las personas del camino que han elegido. Incluso pueden bajar y llevarte si te quedas mirando demasiado tiempo.

Si te pierdes por la noche, quítate la camisa, ponla del revés y luego ponla así. Encontrarás el camino a casa.

Toca (o coge un pellizco) la comida que no has podido comer para evitar los kempunan (antojos). Los kempunan que no se satisfacen pueden llevar a la muerte y a un alma que no puede descansar.

No te vayas a la cama con el pelo mojado o te quedarás ciego.

Cuando un niño pierde un diente, debe arrojarlo en dirección al techo para que el nuevo crezca recto.

Durante una tormenta, hay que cubrir los espejos con una tela negra para que los rayos no puedan entrar a la casa.

. . .

No enciendas tres cigarrillos con una sola cerilla. Esta es una superstición en la que creen los soldados en la mayoría de los países. Un francotirador ve el primero, apunta con el segundo, y dispara al tercero. No seas ese tercer sujeto.

Si una mujer sopla un digeridoo, una clase peculiar de instrumento de viento, se quedará embarazada.

Conclusión

¡Vaya viaje! Quisiera terminar estas páginas agradeciéndote, en primer lugar, por tu interés en las maravillas intangibles de nuestra humanidad. Después, quisiera también darte las gracias por tu capacidad de imaginar.

Las personas que habitamos el planeta actualmente continuamos generando relatos, aunque quizá con un grado mucho menor de tonos épicos y criaturas increíbles. Lo que decimos y escribimos como sociedad tiene un valor que será diferente dentro de algunas décadas. Es probable que lo que hoy pensamos como imposible (la teletransportación, la vida extraterrestre, la inmortalidad, entre muchas otras cosas fascinantes) sea un asunto cotidiano para los nietos de nuestros nietos.

. . .

Lo más importante aquí es que podamos ver las creencias ajenas como resultado de una diversidad que se ha construido a lo largo de la historia. Desde nuestra propia época, las supersticiones parecen fácilmente descartables por la ciencia. Sin embargo, como lo has visto en estas páginas, no es fácil dejar de lado el valor cultural que todos estos relatos y creencias tienen para la identidad de los pueblos. Creer en algo nos hace unirnos en torno a algo, así sean las supersticiones que nos convencen de que quizás, sólo quizás, exista eso que no podemos ver.

www.ingramcontent.com/pod-product-compliance
Lightning Source LLC
LaVergne TN
LVHW021718060526
838200LV00050B/2736